至交易简

交易思维模式训练
与实战心法

简放 —— 著

电子工业出版社
Publishing House of Electronics Industry
北京·BEIJING

图书在版编目（CIP）数据

交易至"简"：交易思维模式训练与实战心法 / 简放著. —北京：电子工业出版社，2023.11
ISBN 978-7-121-46387-7

Ⅰ. ①交… Ⅱ. ①简… Ⅲ. ①金融投资－研究 Ⅳ.①F830.59

中国国家版本馆 CIP 数据核字（2023）第 184397 号

责任编辑：刘　伟
印　　刷：河北鑫兆源印刷有限公司
装　　订：河北鑫兆源印刷有限公司
出版发行：电子工业出版社
　　　　　北京市海淀区万寿路 173 信箱　　邮编：100036
开　　本：720×1000　　1/16　　印张：14.75　　字数：313.9 千字
版　　次：2023 年 11 月第 1 版
印　　次：2024 年 5 月第 6 次印刷
定　　价：100.00 元

凡所购买电子工业出版社图书有缺损问题，请向购买书店调换。若书店售缺，请与本社发行部联系，联系及邮购电话：（010）88254888，88258888。

质量投诉请发邮件至 zlts@phei.com.cn，盗版侵权举报请发邮件至 dbqq@phei.com.cn。

本书咨询联系方式：faq@phei.com.cn。

前言：世界上没有弯路

一、股市是通往财务自由最近的路

我个人认为，**股市是通往财务自由最近的路**。在股市中，没有学历和背景的门槛，也无须受制于他人，只需少量本金和可用于交易的工具（如电脑或手机），就能开启理想之路。

怀着这种信念，再加上我身边有不少同事和朋友在 2006 年市场进入大牛市期间赚了很多钱，我也无法抵挡这种诱惑，于是决定入市。

刚开始的一年，我过得非常幸福，觉得比上班容易赚钱多了。上证指数在 2007 年达到了 6124 点的高点，我投入的十几万元本金很快就翻了一番，让我觉得自己是个股市天才。然而，好景不长，2008 年市场急速下跌，上证指数跌至 1664 点，以高点 6124 点计算跌幅高达 70%。我不仅失去了所有的盈利，几乎也亏光了本金。

这一次打击非常大，因为当时十几万元本金几乎是我全部的积蓄。当时的我意志消沉，是否应该就此认输？

然而，在经历了这次重大挫折后，我并不想轻易放弃。于是，投入大量时间来疯狂学习和研究。在这段时间里，我阅读了国内外数百本投资书籍，笔记本上满满记录着西方成长股大师和交易大师的精华思想。我根据这些书中的方法研究了近千只牛股的典型特征，直到 3 年后的 2011 年，才开始实现小幅但稳定的盈利。

从 2011 年至今，这 12 年间，我的投资方法经历了两个阶段。

（1）2011—2016 年，我还在体制内工作，更偏向中长线持股，主要是买入业绩突出或周期反转的个股，并一直持有至市场兑现。比如 2017 年初买入的赣锋锂业（SZ000460），在一年多的时间里获得了近 4 倍的收益（见下图）。

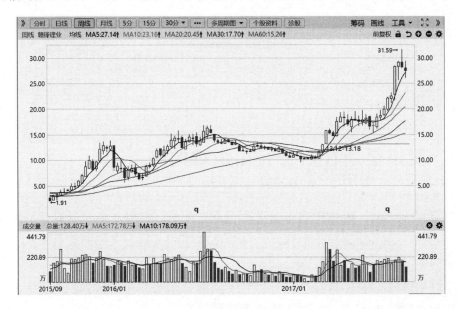

（2）2017 年至今，我离开了体制内，专职从事投资，充足的时间加上适应了市场生态的变化，开始更多地从事波段交易，持股周期显著缩短。在这段时间里，我与近千名投资者进行了线下交流，连续多年在微博、公众号等平台上分享我的交易理念和投资方法，**吸引了上百万粉丝**。在与他们的交流中，我不断完善自己的交易体系和思维方式。

从 2006 年最初投入的十几万元到 2022 年年底的 17 年间，资金进进出出，粗略计算下来，年化收益率约为 40%+。

通过我的亲身经历，我想告诉大家——股市是通向财务自由最近的途径。但这条路看似容易接近，实际上充满了坎坷和挑战。根据众多交易大师的经验可知，只有内心坚定、持续学习、永不放弃且能知行合一的人，才能最终成功。

二、交易中没有捷径可走

交易是一项极具挑战性的事业，常常伴随着煎熬。这种煎熬的根源在于，我们很多时候需要通过痛苦的亏损来学习交易的道理。大多数人必须经历这种煎熬，才能真正成长；交易体系也必须在这个过程中，经历反复的打磨和改进才能成熟。一切都需要我们亲身经历，走过弯路，才可能获得收获。

从某种意义上来说，交易中似乎没有所谓的弯路，因为每一步都是必经之路。如果你没有经历这些，就无法抵达现在所处的位置。只有站在目前这个位置，你才有资格回头看，认识到那些所谓的弯路也是成长的一部分。你之所以成为现在的自己，是因为你亲自用脚步丈量了整个过程。

实际上，交易并没有捷径可循，该走的路，一步都不会少。

然而，交易方法从来不是通向成功的核心，思维模式才是。很多人没有认识到这一点。他们不理解，为什么在市场上不断尝试，仍然亏损连连，无论多么努力，也找不到稳定盈利的方法。只能在牛市时赚一点点，然后在市场低迷时又连本带利地亏回去。这正是大多数交易者的真实写照。

那么，如何在市场中生存并快速发展呢？

答案在于**正确的思维模式**，以及践行知行合一。思维模式决定了我们看待问题的方式，如果思维模式错了，就会离正确的方向越来越远，越努力反而越亏损。行动决定了我们是否成功，做到了知行合一，"错也是对"；做不到知行合一，"对也是错"。

因此，希望这本书能帮助你从一开始就朝着正确的方向前进，降低你的试错成本。

三、为什么写作此书

我之所以愿意将心路历程写出来，是因为过往的一次经历。

2017 年，我与一位朋友交流时得知，他在交易中屡次受挫，一直找不到稳定盈利的方法，内心备受煎熬。根据他描述的问题，我送给他一本我认为经典的、有关交易心理的书籍。那本书对我帮助很大，我希望它也能给他带来一些改变。

根据我与他的交流，他的许多问题都可以在那本书中找到答案。然而，令我没想到的是，他看完后与我讨论书中内容和他的困惑后表示："这本书不适合我。"那时，我才明白，为什么很多人无法成长和进步，大多是因为内心不够开放、不愿意学习，即所谓的"不知道自己不知道"。

"不知道自己不知道"是本书第 2 章"交易中的思维偏见和误区"中提到的达克效应。达克效应将人的认知方式分为四个层次，"不知道自己不知道"是这四个层次中的最底层，位于这个层次的人无知且自以为是，内心封闭不愿意接受新事物。这些都是影响交易的思维偏见。

通过线下沟通、微博、公众号和视频直播等渠道，我了解到这些思维偏见不仅曾出现在我身上，也是许多杰出交易者的共同经历，更是影响市场中绝大多数人的因素。不同之处在于，有些人走出误区，形成了自己的稳定盈利模式，而有些人却在错误的道路上浪费了时间，距离目标越来越远。

因此，我整理了自己这多年来走过的弯路以及成功应对的经验，并将与众多朋友对话中**最常遇到的、也最影响交易者收益的 40 多个思维偏见按章节分类整理成了此书。**

四、适合阅读本书的人群

（1）准备进入或刚入市的初学者，本书帮助你迅速建立正确的思维模式和交易理念。

（2）已经在市场中度过多年，希望在交易和投资领域取得一些成就，但总是无法找到正确的方法，存在巨大的抵抗情绪的交易者，本书帮助你拆解挣扎的根本原因，并找到解决方法。

（3）已在交易中小有所成者，本书帮助你系统性地梳理和强化心理优势。

（4）不计划进入市场或投资的人，这本书中许多思维模式和理念也同样适用于生活和工作。

　　尽管这本书主要涉及交易思维模式，但它不局限于交易领域，还可以引发你对生活中所犯错误和内心挣扎的思考，这些问题几乎都可以在本书中找到答案。

　　我希望这本书能帮助你找到真正的自己，从而改变你看待世界的方式。

2023 年 8 月

本书约定与风险提示

本书所有数据均来自相关上市公司的公开报表数据及公开研报内容，如果读者需要相关资料，可以通过相关公司官网或中国证券监督管理委员会（下称证监会）指定网站等公开渠道获得。

本书涉及部分专有名词或公司名称与实际公司名称不一致的情况，下面挑选有代表性的部分进行简要说明，其他专有名词在书中第一次出现时，一般均有说明。如有未说明之处，欢迎上网查询或向我们咨询。

- 万科 A（SZ000002）：万科企业股份有限公司在 A 股上市的公司简称，股票交易代码为 000002。根据实际需要在不同的地方可能会用万科、万科 A 或万科集团等文字指代，不再单独说明。
- 股票/个股：均指上市公司股票，根据实际需要可能会有以上两种说法。
- 股价/股票价格：均指上市公司股票价格，根据实际需要可能会有以上两种说法。
- A 股：A 股市场。

书中提及的行业、板块及公司信息均基于公开信息整理而来，仅作为过往案例分析使用，不构成任何投资推介及对未来市场的判断。**市场有风险，投资需谨慎。**

目录

第 **1** 章

交易中痛苦的根源

"你在奋斗、挣扎，强迫自己做一项交易时，你是错误的，是不协调的。最好的交易不需要付出任何努力。"

——杰克 D.施瓦格（《金融怪杰》等书作者）

1.1 认清交易中痛苦的根源

2019 年 12 月底，我因为全年的交易做得不错（收益率较高），加上这是我从成长股投资转型做交易的第一年，内心非常愉悦。为了记录这个有意义的年份，我在朋友圈随手发了一张收益率截图（见图 1-1）。

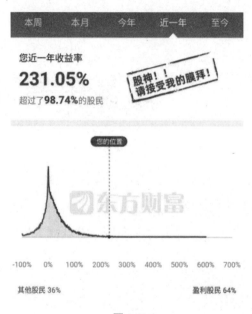

图 1-1

在信息发出去不久，有个多年未联系的朋友，就给我发信息，话题从嘘寒问暖慢慢转到了股票上，最后把他的账户截图发给我看，并告诉我他非常痛苦，能不能帮他看一看怎么处理比较好。

当我看到他的持仓时，心里非常惊讶。因为，持有的六只个股，无一盈利，亏损幅度少的有 20%~30%，多的一只约亏损 60%。

我陷入了沉思。他的痛苦，来自哪里？仅仅是因为亏钱吗？

很显然，亏钱只是表象。

投资者一旦进入市场，就会发现投资过程中让人愉悦的时候并不多，大部分时间都在经历各种痛苦，甚至有一些让人痛彻心扉。

深层次痛苦的两个主要来源

和这位朋友一样，很多交易者认为，交易中的痛苦源自账户的亏损。其实不然，亏损只是一种表象。据我观察，深层次的痛苦主要源于以下两个方面。

第一，交易者不知道怎么做，即没有一个可以依据的方法，或没有做到交易的"一致性"。因为交易方法或规则不统一，常常今天做这种，明天做另一种。如今天贵州茅台（SH600159）大涨，就喊着做价值投资买入相应的股票，明天某股票趋势较好出现大涨，又觉得趋势性投资能更快地赚钱而加码买入；今天觉得应该止损，明天又认为今天的止损是不必要的；今天觉得错过了医药消费行业，明天又认为错过了新能源行业，从而左右摇摆，导致哪一只牛股都没有抓住。换句话说，交易者没有建立一个可以稳定盈利的体系。

第二，交易者知道怎么做，也知道赚钱的方法，但做不到。其中的原因就是知与行之间存在着巨大鸿沟，很多人知道怎么赚钱，也知道怎么控制损失，但就是做不到，即缺乏自律。

这两个方面，才是交易者感到痛苦的根源，而不仅仅是因为亏钱。

交易者如果在这两个方面解决不好，就会感到迷茫，对未来感到恐惧，当出现亏损时，内心会左右摇摆，让人感到痛苦。如果这两个方面都解决了，在亏损时就不会感到痛苦，因为知道亏损是暂时的，交易者有信心在以后的时间里赚回来，因为他心里明白，很多亏损是体系内无法避免的成本，因此坦然接受。

很多人在第一个方面，蹉跎了一辈子，也没有找到一致性的方法，从而在投资时出现左右摇摆、风格漂移的现象；另外一些人，找到了方法，但没有学会知行合一。就像著名的期货交易员青泽，在最痛苦时说的一样：如果有一天我不能在交易中成功，不是因为我不知道赚钱的方法，而是因为我没有做到。

可见，在交易里成功到底有多难。进入市场后，别想着靠一波行情或者一段代码就能致富，那是不可能的，上面提到的这些问题解决不了，亏损是必然的，即便是偶然由于运气好赚了钱，终究也会因为真实的水平而亏回去。

　　而当你想明白这些问题后，就会发现亏损并不可怕，甚至可以说，亏损是一个交易者的必经之路。

　　我认识很多做交易非常成功的朋友，他们从几万元、几十万元起步，收益到过上百万元、上千万元，做得最好的一位收益近亿元。但据我了解这些人都在中途经历过大亏的至暗时刻，有几个人曾中途把本金亏完，痛定思痛后又东山再起的。

　　其实，不仅仅是我们身边成功的交易者有这种大亏的经历，世界上很多知名的交易大师，也大都经历过这种困境，如杰西·利弗莫尔（《股票大作手回忆录》主人公），一生中数次破产，然后东山再起；威廉·欧奈尔（《笑傲股市》作者）、菲利普·费雪（《怎样选择成长股》作者）、本杰明·格雷厄姆（《聪明的投资者》作者）、理查德·丹尼斯（海龟交易训练营创始人）、马克·米勒维尼（《股票魔法师》作者，全美交易冠军）等，都有过大亏的时刻。

　　为什么会这样？

　　可以说，大亏是所有交易者的成人礼，没有经历过的，就难以对交易有深入灵魂的领悟，也很难找到真正适合自己的方法。因为，没有足够的阅历和领悟，要想成功，几乎是不可能的。换句话说，"大亏"这一关，几乎是每个交易者都要走的路。

　　我们可以这样想，在没有形成稳定的投资体系前，所有的亏损，都是在交"学费"。这个"学费"是每一个交易者都不可避免的，至少我没有听过任何一个交易者不交"学费"，就能直接进入稳定盈利的阶段。你花出去的"学费"，用来学习怎么在市场上存活，以及如何建立认知。当然，因为自身资质等因素，有的人考上了"清北"、有的人辍学回家；有的人学习只需要很短的时间、有的人学习则可能需要一辈子。

　　当交易者顺利通过交"学费"的阶段，形成了稳定一致的投资体系后，依然有可能亏损，但这时亏损的原因和意义，和没有通过时截然不同。没有通过时的亏损是随机的，没有原因和规律可以总结（因为交易者不知道该怎么做），但在这个阶段，亏损是明明白白的。有了这个体系，交易者知道问题在哪里并坦然接受产生的成本（如止损）。同时，在这个阶段，交易者还会因为违反"知行合一"的纪律，市场用"亏损"的结果给予反馈和纠错（交易者已知道怎么做，但有时做不到）。

交易中所有的痛苦，绝大部分都来自贪婪和恐惧这两大人性弱点。恐惧会导致你在低位割肉，以及在出现明显的机会时不敢下手；贪婪会导致你不断地追涨，因为不想错过任何一次机会。

解决痛苦的方法

交易的赚钱法则就是低买高卖（所有的模式都是如此，无论你是价值派，还是技术派），而恐慌和贪婪，恰好会促使投资者低卖高买。投资者为了避免自己低卖高买，克服掉人性的这两大弱点，所以制定了规则（也就是体系）约束自己，让自己在交易时不要情绪化，而是在规则内小心翼翼地前行。

然而，市场在某些阶段，会不断地诱惑你犯错，让你失去原则，让你认为是自己的规则束缚了手脚，导致失去了赚钱的机会，于是你开始修改规则去适应环境，如果这样，说明你还是没有战胜自己的贪婪和恐惧。

长期看来，这样的你怎么可能成功？因为这不是错过一个机会的问题，而是你在不知不觉中，陷入了修改规则去拟合行情的错误。你制定规则的目的，是为了预防自己的贪婪和恐惧心理再次出现，而市场的诱惑又促使你修改规则，陷入无休止的恶性循环。

要想让交易的痛苦完全消失，从外部几乎无法找到完美的答案。从外部得到的无非是方法的问题，而能不能做到，是内部（内心）的问题。在交易的世界里，充满了矛盾和对立，这些矛盾和对立唯有从交易者的内心才能解决，即改变自己看待市场的方式。

股票同样是向上突破，有时会成功，有时会失败；股票的低吸也是，也有成功和失败；还有股票的止损，有时通过止损控制了损失，有时止损后发现卖在了最低点，反而创造了亏损。买了怕跌，卖了怕涨，这种矛盾在股市中几乎每天都有。是市场产生了矛盾吗？非也！是交易者看待问题的方式，导致了矛盾的产生。如果你缺乏概率思维，而是选择性地思考，或只看到成功与失败，并以此为依据，思维就会陷入死胡同里出不来。

交易者唯有保持开放的心态，接受"一切皆有可能"，建立概率思维（在后面的章节中会讲到），从内部入手，才有助于问题的解决。当有一天，你的认知水平和思想境界达到了一个高度，内心的矛盾和抵抗才会完全消失，这不是仅靠某一个规则或强制要求自己去做就能快速改变的。通过外力的改变，只能解决一时的问题。想要彻底解决，唯有从内心寻找答案。

"经历"是第一步，经历过大亏，有了痛苦的体验，才会深入、彻底地领悟。

"知道"是第二步，这一步包括了解市场、了解自己，"知道"相当于建立了认知，或者说建立了稳定盈利的一致性方法。

"做到"是最后一步，也是核心，从"知道"到"做到"，中间又有巨大的鸿沟，可能需要一辈子的修炼。当你"做到"了之后，它又会反过来促进"知道"，"知"和"行"相辅相成，形成良性循环。

这是交易者成长必须经过的三步：**经历→知道→做到**，据我所知，没有任何一个人能跨过第一步直接到第三步。

只有经历过痛苦（这个过程，没有人能代替你），才会大彻大悟，然后形成自己的认知——方法和体系，并能严格做到，这时，交易就变得简单起来。你会发现，利润就是"知行合一"的副产品，不必刻意追求利润，它自己就会来。

"故天将降大任于是人也，必先苦其心志"。如果你当前正在经历痛苦，说明还在第一步徘徊。那就不要辜负了你的痛苦经历，坦然接受，用正确的心态面对它，因为每一次痛苦经历都是为了提高认知。只有吸取教训，在痛苦中成长，才有可能迈向成功。

1.2 交易过程中常犯的 11 个错误和成功交易者的 9 大特征

一个人要想在交易中取得成功，一个很重要的素质是"诚实"。这里讲的"诚实"，并非单纯地指人际交往之间的坦诚相待，而是指诚实地面对市场、面对自己，在出错时能认识到自己的错误，并勇于承担责任。

认识到自己的错误，是改变和提高的前提。很多人总认为自己是对的，或者明知道自己有错误却不敢面对，那样必然会阻碍成长。错误并不可怕，不知道自己错了或知错不改，放纵错误的发展才可怕。如果能利用好错误，从错误中吸取教训，错误反而是我们前进的阶梯。

交易前常犯的错误

接下来，我列举一下交易者在交易前常犯的错误。

1. 情绪化交易

2017年4月1日，新华社受权发布了雄安新区规划，这个重磅消息在清明假期内迅速发酵。在假期后的第一个交易日（4月5日）开盘后，很多雄安新区概念股直接出现一字板涨停，如冀东水泥（SZ000401）。

随后，冀东水泥连续出现了6个一字板涨停，让很多交易者羡慕不已。在4月12日，即出现第7个涨停时，冀东水泥开板，并在当天出现近100亿元的巨量成交额，很多担心错过大牛股的人，就是在这一天入场的。毕竟当时雄安新区概念太过火热，这种诱惑是交易者很难抵抗的。

但如果你是在4月12日这一天买入的，那么就被套在山顶了。在随后的几个月时间内，冀东水泥从最高点的22.82元/股跌到了6.94元/股，跌幅高达70%，6年过去了，交易者依然没有解套。图1-2所示为冀东水泥2017年2月到2018年7月期间的日K线。

那么，在4月12日这一天买入的人，当时是什么心理呢？

简单来说，就是情绪化、怕错过！

如果评选交易者最容易犯的错误，情绪化交易应该能排第一位，几乎每个交易者都是从情绪化交易过来的，甚至不少交易老手，毕其一生也无法摆脱情绪化交易的影响。

所谓情绪化交易，就是自己的情绪完全被市场牵着鼻子走，看到利好或利空消息，就产生应激反应。看到哪个板块（或个股）涨起来，就担心错过去追涨；反之亦然，看到持仓中的某板块（或个股）下跌，无法控制内心的恐惧，不分析情况就割肉卖出，追涨杀跌也由此而来。

图 1-2

交易者为什么会情绪化交易呢？人性使然。贪婪和恐惧是人类与生俱来的本能，这些本能之所以存在，并非完全是负面的。正因为有了贪婪的想法，人类才拥有了追求美好生活的动力；也正因为有了恐惧，才拥有了主动规避和逃离危险的能力，这些本能在很多时候让我们趋利避害。然而，在交易中，贪婪和恐惧却对交易者有巨大的制约作用，贪婪导致追涨（怕错过机会）和想赚得更多（不及时止盈）；恐惧导致杀跌（害怕继续跌）和在出现明显的机会时不敢入场。

如何控制呢？

控制情绪化交易的核心，是建立一套行动准则（交易体系），然后遵章行事。所有的事情都按照规则执行，这样，无论发生什么情况你都有一套应对办法，受情绪化交易的影响就会大大降低。

2. 没有交易标准（信号）

没有交易标准（信号），其实和情绪化交易是一对孪生兄弟。正因为你没有操作标准，所以才情绪化交易；也正因为没有交易计划，所以一切行为都是临时起意的。

没有可执行的标准，你的行为就是随机的，也很容易情绪化，这样就很难成功。当能认识到这一点的时候，你就会在建立交易体系上付出更多的努力。

交易标准包括选股、择时（买卖时机）、仓位管理、风险管理等几部分（见图 1-3），目的是在复杂多变的市场中，建立一套符合自己认知和性格的、可复制的模式，然后机械化地执行。

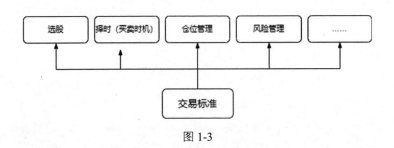

图 1-3

有了交易标准，并始终按信号交易，就可以约束人性中的贪婪和恐惧心理，让自己的行为有规律、可复制，从而摆脱漫无目的的情绪化交易。

3. 交易系统过于复杂

很多人在失败中吸取了教训，也建立了交易体系，但体系过于复杂，设置的信号和指标过于烦琐，导致在执行时出现自相矛盾的现象。

比如，很多人看重市盈率指标，同时看重趋势信号，于是把市盈率和趋势同时作为自己交易体系的条件。当一只个股股价下跌时，趋势出现下行，按趋势条件是不能交易的，但从市盈率指标来看，股价越跌市盈率就越低，按照市盈率的条件要进行买入操作，这时，该怎么办呢？

再比如，很多人用多个周期来指导交易，月 K 线（又称月线）、周 K 线（又称周线）、日 K 线（又称日线）都关注。从周线上看，可能是正常走势，波澜不惊，但从日线上体现出来的可能就是"狂风暴雨"，日线和周线产生了矛盾，此时交易还是不交易？

如果体系的两个条件相互抵触，就会导致交易者无所适从。就好比戴两块手表，当它们指针不同时，你无法确认当前的正确时间，从而给自己造成困扰。很多矛盾的发生和内心的纠结，也都由此产生。

很多人认为用多个指标相互确认，能进一步提升准确性。事实上，这只是一个美好的愿望，很多指标之间，常常发出相互矛盾的信号。

交易体系的目的，是让复杂的市场变化回归简单，将符合自己认知的机会筛选出来。无论采用哪种体系和指标，都仅仅是在捕捉其中的一种盈利模式信号，同时会错过很多其他模式的信号。你不可能把市场上所有的赚钱模式一网打尽，更不要自己反复调整指标去拟合市场，否则，又回到了"没有标准"的原点。

交易体系中的指标并非越多越好，最基本的原则是要逻辑自洽，指标不能相互抵触。

4. 缺乏耐心

有了标准，却无法耐心等到信号出现，不是行动早了，就是行动晚了，这是知行不一的体现。

从本质上来讲，没有足够的耐心等到正确的交易时机，依然是贪婪和恐惧心理在作祟。之所以早行动，是害怕机会溜走（贪婪）；而晚行动，则表明内心犹豫，可能就是心存恐惧，不敢出手。

耐心在交易里是弥足珍贵的，也是成功的基石，有非常多的交易大师将耐心作为交易成功的首要条件。

利弗莫尔曾说："耐心比任何其他因素更为重要。不管是在什么时候，我都有耐心等待市场到达我称为'关键点'的那个位置，只有到了这个时候，我才开始进场交易，在我的操作中，只要我是这样做的，总能赚到钱。"

还有很多交易大师用猎豹捕猎来形容交易，比如三届全美交易大赛冠军马克·米勒维尼（《股票魔法师》系列图书作者）和创造连续 1000 多个交易日盈利的温斯坦。

"虽然猎豹是世界上跑得最快的动物，能够捕捉草原上的任何动物，但是它会等到完全有把握时才去捕捉猎物。它可以躲在树丛中等上一周，就是等正确的那一刻，而且它等待捕捉的并不是任意一只小羚羊，而是一只有病的或跛脚的小羚羊，只有当万无一失时，它才会去捕捉。这就是真正专业的交易方式的缩影"。

所以，耐心等待，是体系能够有效运行的前提。

5. 消极悲观地看待市场

很多人的思想特别消极悲观，总是带着相应的情绪去看待市场，如有的人认为市场充满了各种内幕消息，还有的人认为市场被人操纵了。

当你消极悲观时，你关注的都是市场上的阴暗面，会不知不觉地只看负面的信息，而无视积极的信息。你看到的，只是你想看到的。

消极悲观的交易者，在机会出现时，也往往很难把握住，因为总往坏的方面想，会让人在操作时畏首畏尾。

以上是在交易前容易犯的错误，此外，还有一部分人虽然买对了，但在买入后出现了其他常犯的错误，下面进行简要分析。

交易中常犯的错误

交易中常见的错误有 3 种，说明如下。

1. 习惯性做鸵鸟

一旦交易没有按照预期的方向走，就像鸵鸟一样把头扎进沙堆，不闻不问。很多人就是因为这样亏大钱的，他们眼睁睁地看着亏损在扩大，而不采取任何措施，任由事态向不利的方向发展，甚至关闭账户，寄希望于市场再涨回来。

长期来看，这种"把命运交给别人"的消极交易行为和习惯，很难让人成功。也许偶尔会因为运气好，账户亏损又减少了，但在交易中面对亏损时总是放任，把希望寄托在市场的走势，而不是自己对风险的主动管控上，且不在第一时间采取措施的行为，长时间后必定会遭遇大亏。因为你不可能每次都有好运气，毕竟有很多股票价格陷入了漫长的下跌，好多年都无法回本。

改变这种状态其实很简单，就是更加积极主动地面对风险，并及时采取应对措施。切记，几乎所有的大亏，都是从一个小亏开始的，只要你愿意，完全可以在小亏时就截断亏损，牢牢地掌握主动权。

2. 内心有巨大的冲突和抵抗

在执行交易时，交易者内心存在巨大的冲突和抵抗。比如，一只个股股价触发了你的止损条件，按照体系应该无条件退出交易，但"万一止损了股价涨回来怎么办？"的想法在你内心出现，并陷入剧烈的挣扎中，感觉非常痛苦。

交易者需要明白的是，无论如何设置止损位置，都是为了给自己制定一个退出交易的条件，这个位置也是证明你错了的地方。无论你怎么设置，都会遇到一些止损后股价又涨回来的情况，但同时也会遇到一些止损后股价出现大跌的情况。所以，不能心存侥幸，否则早晚会吃大亏。如果不止损，遇到一次大亏，想翻身就难了。一定要记住，市场会用一个价格证明你错了，这个价格就是你的"止损点"，当你错了的时候，最好的解决方法是及时认错，退出交易，而不是和市场讲道理。

在 2021 年年初，美年健康（SZ002044）股价走出一波上升趋势，当时的投资逻辑是医疗服务类行业很可能会在新冠疫情结束后出现复苏。于是，我在 3 月 25 日该股票趋势出现缩量回踩的时候买入，这是一个标准的买点，完全符合我的交易体系。但没想到的是，随后疫情再次发酵，美年健康在 4 月 6 日出现了放量大跌的走势，跌破了支撑位置，我按照纪律在当天止损退出，如图 1-4 所示。

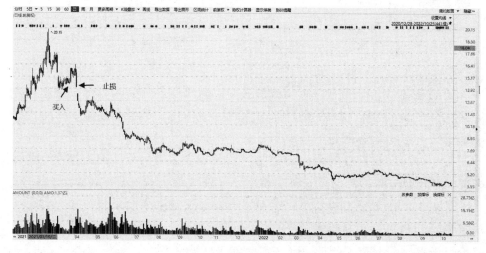

图 1-4

这一笔交易我虽然亏损了 3%，但对我来说这是一笔成功的交易，买卖点完全符合交易体系。如果我在 4 月 6 日不按纪律止损，而是心存侥幸地等待反弹，将会出现灾难性的后果。美年健康在随后的一年多时间里，跌幅高达 70%。

无论是从当时还是现在来看，美年健康的止损操作无疑都是成功的，止损防止了大亏。不过，也有一些止损操作，是制造了损失。

我在 2019 年 10 月 10 日通富微电（SZ002156）股价出现回踩的时候买入，这也是一笔完全符合买点的交易，但其随后跌破了支撑位置，于是在当年的 10 月 18 日止损退出了交易，亏损 6%。然而，就在我止损之后的第三个交易日，股价开始反转向上，形成了一波上升趋势，我差不多就止损在了最低点。这一笔交易，止损反而创造了损失，如图 1-5 所示。

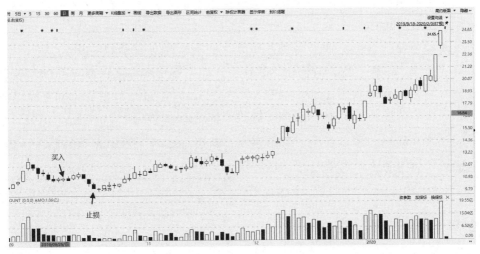

图 1-5

为何很多人无法顺畅地执行止损纪律呢？从这两个案例对比来看，就能得到答案。正是因为有通富微电这种止损后又涨了回来的情况存在，导致交易者心存侥幸，而正是这种心态，才会遇到美年健康这种亏损 70% 的死扛操作。

交易者往往沉浸在账面损失等待回本的情绪中不愿意出来，但如果换一个角度来看可能就好多了。因为即使止损错误导致了小亏，后面还有机会重新买回来，如这里的通富微电，也可以选择其他机会。但如果不止损，遇到一次美年健康这样的走势，不但本金被完全套牢，心情也会陷入谷底。

一个简单的按体系止损操作，如果因为想法太多，导致内心产生抵触而无法正常执行，那么制定止损规则的意义又在哪儿呢？

交易过程中的很多痛苦和内心抵抗，都源于想法太多，这些想法背离了你的体系，从而产生了心理冲突。而之所以有冲突，本质是知和行无法统一，认知水平没有达到一定的层次。当出现这种情况时，还需要不断地在交易实践中磨炼，提升认知水平，多做几次成功的交易，当信心上来后，冲突自然就消失了。

3．活在自己的幻想中

当持有的个股股价下跌后，寻找利好安慰自己，而不是迅速采取应对措施；当个股股价上涨后，幻想能涨得更多，赚了 50% 后还想再翻一倍，翻一倍了还想翻两倍，而不是从逻辑、趋势及基本面等方面出发做科学的分析，这都是幻想占据内心的表现。

欧奈尔曾经讲过，一只股票，如果它价格不涨，就是不好的。这是一个简单的道理，如果它好，为何会"跌跌不休"呢？它或许有你看不到的问题，或许有不为人知的瑕疵，这都反映在走势上了，只不过当时的你不知道而已。内心存在不切实际的幻想，很容易导致交易走入死胡同。

要放弃幻想，活在当下，尊重事实，对当下的走势做出正确的反应，事实才是交易体系建设的基石和操作的依据。

交易后常犯的错误

交易后常犯有以下 3 种错误。

1．推卸责任

很多人在市场里亏钱，不反思自己的原因，而是埋怨市场、埋怨主力等，为自己开脱。

你需要明白的是，做交易的人是谁？是自己。有人强迫你买入或卖出吗？没有。既然做决定的人是你自己，那么当你发现错了时，完全可以第一时间脱身（止损），保存实力等待下一次机会，但你为何没有及时应对，反而在埋怨别人，推卸责任呢？

在市场中推卸责任的人，成功的可能性极低。因为推卸责任意味着你不认为自己有错误，也就不知道错在哪里。不承认自己的错误，谈何改正？于是，只能在错误的道路上越走越远。

市场本身不额外产生多余的钱（分红等忽略不计），有人通过交易赚钱，必定也有人通过交易亏钱。最后，钱都被有纪律、认知水平高、知行合一的人赚走了。他们能赚走你的钱，必定在某些方面超过你。你只要做到有纪律、知行合一、不贪不惧，就可以成为赚钱的那一部分人，这一切，都要从为自己的交易行为承担责任开始。

2．抗压能力差

交易环境不同丁其他工作环境，因为市场的波动性、不确定性，导致交易者常常面临巨大的压力，因为决策结果直接和账户盈亏相关。

我们捕捉机会和应对风险，交易中很多重要的决策，都是在市场出现"重大变化"时做出的，而当市场出现"重大变化"时，往往也是交易者压力最大的时候。比如在恐慌和高潮来临时，往往会产生一些反转，这时人的压力也最大。

所以，交易者一定要明白，交易的性质决定了，你的很多重要决策，必定要在压力下做出。

因此，抗压能力是衡量交易者的重要指标之一，很多优秀的交易者，能在压力下做出理性的决策，或通过提前设定的一些规则，去减轻压力（如分仓），而抗压能力差的交易者，在面对压力时，会不知所措，甚至失去纪律性，导致随波逐流。

如果在交易中，你经常感到有巨大的压力，那么你是很难做好交易的，压力会让你的操作变形，导致出现情绪化交易，让体系无法被很好地执行。

所以，想要取得成功，交易者要想办法克服压力或提升抗压能力。抗压能力和个人的先天性格有关，但也有很大一部分人能通过训练来提升，如通过纪律约束，采取分仓分步模式等或在生活中增强运动等。

当你的认知水平提高后，你就会变得更加自律，行动也会更有原则性。

3．没有风险意识

一个优秀的交易者，必定是一个好的风险管理者。在市场里，优秀的赚钱能力只是其一，赚到钱之后，能守住钱，才是核心。

其实，你只要能管控住风险，每年只需要把握住少数的几次机会，就可以超越市场上 90%的人。

然而，大部分交易者是没有风险管理意识的，不管市场状态如何，时刻满仓交易。当风险来临时，不知道应对；当出错时，不知道止损截断交易；这导致了亏损时大亏，而赚钱时反而畏首畏尾。

盈利的底层逻辑，就是"止损持盈"，亏损时亏损的额度一定要低，只要赚到的钱能覆盖亏损的钱，长期来看就是成功的。从这个角度理解，交易与其说是抓机会的游戏，不如说是风险管理的游戏。因为，当你没有了大额度的亏损，依靠复利原理，其实赚钱并不难，很小的复利长期积累都能变成一大笔盈利。然而，大部分人只看"机会"，不看"风险"，所以，"七亏二平一赚"的收益统计结果，也就不难理解了。

上面讲了交易者常犯的 11 种错误，可以说每个交易者都部分或完全经历过。不同的是，有些人克服了，在错误中成长；有些人还在不断地重蹈覆辙，还有一些人，根本意识不到自己的错误在哪儿。所以，面对错误的不同态度和做法，导致的结局自然也不同。那么，成功的交易者又有哪些共同特征呢？

成功交易者的 9 大特征

著名的交易心理学家范 K. 撒普博士曾经研究过大量的优秀交易者，虽然这些交易者采取的交易方法和策略不尽相同，但他总结这些交易者的成功经历发现，他们都具备如下共同特征：

（1）个人生活均衡、自律；

（2）具有积极的态度；

（3）没有人格冲突；

（4）对自己的交易结果负责；

（5）牢固掌握一套分析和交易方法；

（6）不存在普遍的偏见，保持客观理性，从而制定正确合理的决策；

（7）拥有独立思考的能力；

（8）拥有优秀的风险控制能力；

（9）拥有保持耐心的能力。

可以看出，这几条和前面讲的交易中常犯的错误，恰恰是相反的。他们并非一开始就成功，而是解决了自身问题，从错误中吸取了教训，最后才取得了成功。

另外，大家应该有深刻的体会，即很多错误，并不是方法问题，而是心理问题。所以，交易者要想办法从"内部"去解决问题，而不是仅仅停留在

"错误"这个表象上。如果认识不到这个问题，很可能改掉了一个错误，又犯了另外一个错误。很多人陷入了这种恶性循环，不断地改正错误，然后又犯新的错误。

切记，股票是自我控制的游戏，只要你不入场，就没有人能伤害你，也没有任何人能赚走你的钱。在交易中，真正的对手是你自己，即内心的贪婪和恐惧。

不要亏损了就埋怨他人，扪心自问，你为什么会亏？是别人的原因吗？还是你的欲望远远超越了能力？

为什么你一直喜欢追涨杀跌？是不是因为你想赚快钱，内心的贪婪在作祟？

为什么股价稍微一跌你就担惊受怕？是因为你追涨的点位太高导致拿不住？还是没有在正确的买点入场，导致股价稍微下跌你就感觉世界要毁灭了？

很多时候，就因为从某个"股神"那里听了一串财富代码，自己都不去了解公司的主营业务是什么，业绩如何，就匆忙买入，这种情况下不亏损才怪。

一切的源头，都是你自己。

如果你没有自己的操作标准，或是有了标准也不执行，运气好时或许会赚一笔，但长期来看这是不可复制的，也必定是要失败的。但如果你能努力提高认知水平，制定并坚持自己的原则，养成良好的交易习惯，在你的能力范围内去交易，并管控欲望和风险，怎么会亏钱呢？

与其说交易是研究市场的过程，不如说是研究自己、了解自己和控制自己的过程。

一位哲学家曾经说过：在你身上发生的一切，都是你性格、习惯、态度和思维方式的综合反映。

上面讲的每一种错误的背后，都有思维层面的问题。仅仅从表面寻找解决方法，是很难找到答案的，因为出发点就错了。要深入到思维层面去思考，培养正确的思考方式，让你在思维层面，认识问题的根源所在，并最终找到解决方法。

交易是一个向内求的过程，答案并不在市场中，而在你心中。

1.3 用正确的态度对待"错误"

如果一笔交易亏损了，则很多人会认为自己做错了，其实不然，这是一种思维陷阱，这样很容易导致盲目的自我否定。

亏钱并不代表一定是自己做错了，这是交易里最容易让人误解的地方。正确的交易不一定能赚钱，而错误的交易也不一定会亏钱。想深刻理解这句话，就要理解什么是正确的交易，什么是错误的交易。

所谓正确的交易，就是完全按照体系做的交易，即知行合一的交易。因为我们的交易体系是建立在概率优势上的，有概率优势并不代表 100%会成功。如交易者买的一只个股走势不及预期，按照体系止损，这一笔交易虽然亏钱了，但却是正确的交易，因为止损是按照体系做的，是为了防止出现更大的风险。

所谓错误的交易，就是不按照体系做的交易，不能知行合一的交易。同样，这一笔交易你应该止损但没有执行，这只个股在触发止损点后又出现上涨，最后就出现这样一个结果——你没有按照体系执行，反而盈利了。这是一笔正确的交易吗？显然不是，因为你的操作违背了体系。如果交易者总是纵容自己做错误的交易，也许这一笔你赚到钱了，但由于失去了一致性的交易原则，会让你陷入随意交易的陷阱，长期来看必定是会失败的（见图1-6）。

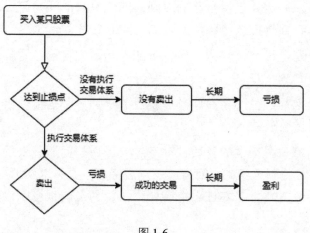

图 1-6

交易本身是认知变现的过程，这里包含两个层面的信息，一个是"知"，一个是"行"。

市场上每天有无数次的机会，也有无数种赚钱方法，但是你只能赚取符合自己认知的钱。构建体系的目的，是定义和识别特定的机会，这个机会一定要是你能理解的，这是"知"的层面。但是，你的"知"是有限度的，即你个人只知道这些，从某种意义上来说，投资体系的本质就是认知体系。

详细一点说，这里的"知"，是指通过交易体系定义的各种市场信号，这些信号是我们的操作依据，包括买入、卖出、止盈、止损和仓位管理等。如果你看好，或持有的个股，没有出现交易信号，那么无论如何，你都不应该行动，否则就是情绪化交易，就是"知行不一"。

举个例子。打板是一种交易模式，就是只买处于涨停板位置的股票。有人打板能赚钱，但我们可能感觉打板模式是一种赌博行为，即我们对于打板的认知停留在赌的层面，但有些人可能找到了打板的规律，并加以运用，这是他们的认知。所以，他们能赚这部分钱，我们的认知达不到，就赚不到这部分钱。如果我们不具备这种认知，还在诱惑下强行打板，就是"知行不一"，亏钱是必然的结果。而具备了打板这种认知，又能做到知行合一的交易者，就能赚到打板的钱。

说到底，交易体系本身的"知"和"行"这两个层面，缺一不可。"知"构建了交易体系，"行"则是按交易体系去执行。"行"只有符合"知"，和"知"不背离，才有意义。否则，就会陷入没有原则的陷阱。

理解了这一点，交易者就会明白：交易中常犯的错误，核心原因只有一个，就是"知行不一"。反过来说，只要你做到知行合一了，就不存在什么错误。你做到知行合一了，即做的事情都是符合自己认知的，谈何错误呢？这时如果说还有"错误"，则都是因为当前认知不够，需要提高认知水平。这个时候，你不知道自己不知道（"不知道自己不知道"是一种认知问题，见"达克效应"部分）。

每个交易者都在不断经历踏空和卖飞。不买怕踏空，买了怕下跌；卖了怕卖飞，不卖怕过山车，这种情绪几乎每天都在上演，很多人在这种情绪中左右摇摆，走不出来。

其实，只要按体系定义的信号交易，并不存在所谓的踏空、卖飞。因为所谓的踏空和卖飞，都是你"知"之外的部分，不属于你的认知层面。你等待买入信号，没有信号就不交易，谈何踏空？你按照止盈信号卖出，止盈信号出来后你卖出，又谈何卖飞？

所以，所谓的踏空卖飞，都是情绪化、知行不一的表现。一个成功的交易者，字典里面不应该存在"踏空、卖飞"，只有是不是按信号交易。

同理，你的字典里，也不存在"割肉"一说，你按体系给出的信号该止损就止损，谈何割肉？

回过头看，交易者犯的所有错误，都是知行不一导致的结果。完全按信号交易，达到知行合一，就没有所谓的错误，即便是亏钱了，也是体系内的成本。

如果你能这样想、这样做，就会慢慢接近成功，也能感受到自我控制的快乐——交易会成为一种发自内心的享受。如果能做到不带任何情感地按信号交易，那么，我们距离成功就非常近了。很多时候，我们都是想得太多，超出了自己的认知范围，但行动却没能及时跟上，导致了知行不一。

很多人会说，我也想按体系交易，但我的体系里没有设置止盈点、止损点，也不知道怎么选择买点，怎么办？这只能说明一个问题，你在"知"的层面上还远远不够，即认知达不到，还没有按照认知构建成功的交易体系。一个成功的交易体系，必定包含几个基础部分：标的选择、择时（买卖点）、仓位管理、风险管理等。

所以，这里又有一个前提，知行合一的前提条件是，先由"知"构建体系，然后才有"行"。有了标准，才能谈执行。而体系又是在"行"中通过不断实践去打磨和升华的，"知"为"行"定义标准，而"行"反过来提升"知"。

对很多事情，如果我们的认知水平达不到，就会出现不理解或做不到的现象，等我们的认知上升到一定的层次后，这些事情就会迎刃而解，水到渠成。

很多人看上面的内容，可能会觉得这不都是空话吗？其实，从深层次的哲学角度来看，没有一定的经历，特别是没有那种痛彻心扉的经历，很难深入理解一些内容。毕竟，很多交易者都认为，交易不就是买入和卖出吗？

交易做到最后，并不是求财的过程，而是求道的过程。如果你的认知水平达到了，行动又能及时跟上，赚钱就是知行合一的副产品。这时你的内心平静，没有任何迷茫或抵抗，即便遇到困境，也能坦然面对。

如果前面讲解的内容你能理解了，那么就更容易接受"错误"，并让"错误"为自己所用。因为，"错误"要么来自知行不一，要么来自认知不够。

因此，交易者不要陷入某一个"错误"中无法自拔，当你的认知水平达不到时，市场会用"错误"提醒你——你的知行不一了，或需要提高认知了。如果总这样想，你就不会被"错误"压得喘不过气，反而能利用好它。

王阳明曾说"故不贵于无过，而贵于能改过"，《论语·卫灵公》中说"过而不改，是谓过矣"，就是这个道理。

这不仅仅是古人的智慧，全世界都是如此。

欧奈尔的信徒，吉尔·莫拉雷斯曾在书上写："如果通过把失误当作有效的市场反馈来获取知识，那么，这些失误也发挥了有益的作用，它迫使我们制定解决方案，并改进我们的投资方法，以确保类似错误不再发生。通过把错误看成市场更大的反馈系统，我们可以利用这些错误来构建更长期的优势，而不是让它们毁掉我们。"

杰西·利弗莫尔说："犯了错误不要找借口，坦白承认错误，尽可能从中吸取教益。"

所以，"错误"是对你认知不够或执行力不够的反馈，请利用好交易中的每一次"错误"，把"错误"当作你前进的动力、自我提升的契机和鞭策你进步的工具。

小结

	痛苦产生的根本原因	解决方案	本　质
交易中痛苦的根源	不知道怎么做	痛苦的体验产生深刻的领悟，多经历，建立认知（交易）体系	解决一切"痛苦"和"错误"的核心，是建立一套行动准则（交易体系），然后严格做到知行合一，交易中所有的步骤，都按照这个准则来做，无论发生什么情况你都有一套应对规则，然后在实践中不断提升自己"知"和"行"的能力
	你知道怎么做，但你做不到	不断修炼，提升执行力	
	错误描述	**解决方案**	
交易中常见的错误	情绪化交易	保持情绪稳定，专注于事件本身	
	没有交易标准（信号）	建立有概率优势的交易体系	
	交易系统过于复杂	简化体系，采用的指标简单、自洽	
	缺乏耐心	训练自己严格按照体系的信号交易	
	消极悲观地看待市场	保持积极的心态	
	习惯性做鸵鸟	积极主动地交易，掌握控制权	
	内心有巨大的冲突和抵抗	想法太多产生冲突，和自己和解，让自己回到交易本身	
	活在自己的幻想中	尊重事实，以事实为依据做决策	
	推卸责任	勇敢地承认错误，接纳自己，不断总结经验	
	抗压能力差	通过运动等训练抗压能力，通过成功交易提升信心	
	没有风险意识	把风险管理放在首位	
	错误产生的根本原因	**解决方案**	
用正确的态度对待"错误"	认知不够	终身学习，在实践中不断提升认知水平	
	知行不一	终身修炼，提升执行力	

第 **2** 章

交易中的思维偏见和误区

"得到一件东西的最好方式，是让自己配得上它！"

——查理·芒格

2.1 达克效应

很多人可能都听过这样一个故事。

1995 年，美国一个大块头的中年男人麦克阿瑟·惠勒（下称惠勒）在光天化日之下抢劫了匹兹堡市的两家银行。他没有戴面具或进行任何伪装，在走出银行之前，甚至还对着监控摄像头微笑。

晚些时候，在警方给被捕的惠勒看当天的监控录像时，他难以置信地说："可我涂了果汁。"

原来，惠勒认为把柠檬汁涂在皮肤上会让他隐形，这样摄像机就拍不到他了。柠檬汁可以被用作隐形墨水，用柠檬汁写下的字迹只有在接触热源时才会显形。所以惠勒认为，只要不靠近热源，他就应该是完全隐形的。

最后，警方调查认为，惠勒既没有疯，也没有嗑药，他只是很夸张地"搞错了"柠檬汁的隐形用法而已。

这个传奇故事引起了康奈尔大学心理学家大卫·邓宁（David Dunning）的注意，他与研究生贾斯汀·克鲁格（Justin Kruger）想一起研究这一现象。

1999 年，大卫·邓宁和贾斯汀·克鲁格做了一个著名的心理学实验：他们先让受试者完成"沃森四卡片选择作业"，用来区分受试者在逻辑推理能力上的差异，然后再选取一半的受试者进行逻辑推理能力的训练，而另外一半的受试者则在相同时间内完成一些与当前任务无关的作业。最后，邓宁和克鲁格要求受试者评价自己的逻辑推理能力，并预测答对题目的数量及百分位排名。

通过四个实验设计，系统地针对个体对其能力的自我评价问题进行研究。他们首先让被试者完成一套标准能力测试题目，然后让其预测自己答对题目的数量，并预测相较于其他被试者，自己的能力排名情况（用百分位数表示）。随后，研究者根据能力测试标准进行评分，把被试的成绩从低到高排列，并分为四个部分（用四分位数表示）。

结果显示，经过重复实验，个体能力的实测得分排名与预测能力排名（即实际能力和自我评价的能力）呈中等程度的正相关关系。在对自己的实际表现做出评价时，实际测试中处于第四四分位数（排在最后四分之一区间）的人认为自己的能力表现优于第三四分位数（排在第三个四分之一区间）位置的人，处在第三四分位数的人认为自己的能力表现优于处在第二四分位数（排在第二个四分之一区间）的人，以此类推。这表明个体对自己的绝对能力水平的评价比较准确，但在比较个体的实际表现与预测表现的差异时，研究者发现处于成绩排名各个位置的被试者都出现了不同程度的偏差。其中那些处在能力排名最底端的人表现出的偏差最明显，甚至认为自己的能力排名超过了平均水平，而处在能力排名最顶端的人却表现出了一定程度的低估偏差。

实验结果说明：逻辑推理能力最差的受试者对自己的能力排名估计过高，甚至超过了平均水平；而那些逻辑推理能力最好的受试者则低估了自己的能力排名。

此外，Kruger 和 Dunning 还通过对人们阅读、驾驶、下棋或打网球等各种技能的研究发现：

（1）能力差的人通常会高估自己的技能水准；

（2）能力差的人不能正确认识其他真正有此技能的人的水准；

（3）能力差的人无法认知且正视自身的不足，及其不足之极端程度；

（4）如果能力差的人能够经过恰当训练大幅度提高能力水准，他们最终会认知到且能承认他们之前的无能程度。

这就是著名的"达克效应（D-K effect）"，也叫作邓宁-克鲁格效应（Dunning-Kruger effect），这是一种认知偏差。从上面的试验可以看出，能力不足或认知水平很低的人，往往不能客观地认识到自己的错误和不足，无法对事物做出客观的评价，反而有更强的自信，经常高估自己的能力。后来人们根据达克效应，把认知水平分为四个阶段，如图 2-1 所示。

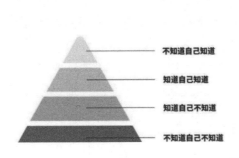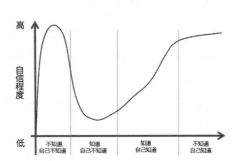

图 2-1

达克效应和交易又有什么关系呢？我们根据这四个阶段做一下分析。

第一阶段："不知道自己不知道"

上面案例中抢劫银行的劫匪就处于这个阶段。因为认知不足，知识面太狭窄，他以为自己什么都知道，总感觉自己掌握了方法，而看不到其他的可能性。通常，这个阶段的人都非常自信。达尔文说曾经讲过："无知要比知识更容易让人产生自信。"

在市场中，大多数人都处于这个阶段。他们不知道怎么去识别机会，也不知道市场时刻蕴含着巨大的风险，还不知道看财务报表和图表，更不知道管理仓位和资金。换句话说，他们对于市场的认知，仅仅停留在一个很狭窄的范围（比如一个指标上，估值、均线等），一斑窥豹，看不到全貌。

认知水平停留在这个阶段的人，不可能在市场中长期赚钱，或许会因为运气好偶尔赚一点钱，就盲目自信，以为自己掌握了赚钱的方法，但终究会因为自己的认知水平不够而将钱还给市场。

当这部分人吃过亏，碰得头破血流后，才开始逐步建立认知，进入"知道自己不知道"的第二阶段。

第二阶段："知道自己不知道"

在第一阶段吃过亏后，很多人开始有了敬畏之心，明白了自己的局限性，有了学习求知的欲望。

市场中很多人都是经历过大的亏损，摔了大的跟头后，才开始系统地学习，这几乎是每个交易者的必经之路。没有经历过亏损和失败的痛苦，是很难建立健全的认知的，而市场又是认知变现的过程。所以，在市场中，该走的弯路，一步都不会少。走弯路的过程，是建立认知的过程，也是形成交易规则的过程。

通过不断的学习和实践，有一部分人找到了方法，进入了第三个阶段，但大部分人可能会停留在这个阶段，止步不前。

第三阶段："知道自己知道"

交易者经过第一阶段的"跌倒"，和第二阶段的学习后，掌握了一定的方法，认知得到了提升，并找到了事情的发展规律，进入了第三阶段。

在市场中，到了这个阶段，就是赚自己认知的钱，因为你已经有了自己的体系，知道自己的优势和劣势，并学会用概率思考问题，会在适宜的市场环境中发挥体系的优势。同时，也知道了体系的局限性、体系的成本等，会在没有概率优势时控制仓位。

进入这个阶段，基本就能稳定盈利了。

第四阶段："不知道自己知道"

这个阶段是认知的最高境界，是敬畏之心和空杯心态的结合体，所谓"从心所欲不逾矩"。到了这个阶段，就不需要任何方法，因为所有的方法都成了局限，所言所行皆为方法，一草一木皆能为我所用。这有点像"禅"，不可说，也说不清；也有点像电视剧《天道》中丁元英讲的："你不知道你（是谁），所以你（才）是你，如果你知道了你（是谁），你就不是你了。"

"不知道自己知道"这个层次，需要很高的悟性才能达到，一般人即便通过后天努力，也仅能到"知道自己知道"的层次。

这里可以做个实验，看看你自己在哪个认知层次：如果你认为写的全是废话，你的认知可能停留在"不知道自己不知道"的阶段；如果你能理解并接受，你的认知层次至少到了第二或者第三阶段。

当评价一件事情时，我们习惯性地给它打上"对"或"错"的标签，即你能理解的，往往认为是"对"的；你不能理解的，往往认为是"错"的。

当面对一件事情时，你看不懂，理解不了，就是这件事情不正确吗？非也！也很可能是你当前的认知水平不够。如果马上得出这件事情"不正确"的结论，很可能说明自己停留在认知的最低层次——不知道自己不知道。有时，虽然你不理解，但能承认自己的认知水平不够，就处于第二个层次——知道自己不知道。如果这件事物你能理解它的内在规律，明白优缺点，说明你处于第三个层次——知道自己知道。

所以，我们从身边一些人看待一个人、一件事的水平，就可以判断他的认知层次。认知层次很高的人，往往都是谦虚的、包容的、内心开放的，且时刻保持学习心态，因为他知道的越多，越感到自己渺小，所以也就越谦虚。

就像罗翔老师说的："知识越贫乏的人，越是拥有一种莫名奇怪的勇气和自豪感。因为知识越贫乏，所相信的东西就越绝对，根本没有听过与此相对立的观点。"

交易和投资，就是认知变现的过程。如有的人认为市场上充满了陷阱，自己总被陷害；有的人认为市场好坏都是因为监管，能不能赚钱的关键主要看政策；有的人认为只能买处于上升趋势的股票，只能赚趋势的钱；还有的人认为可以选择和有价值的企业一起成长，买股不是买股票，而是买企业等，这些都是每个人不同的认知。我们最终赚到的不是市场的钱，而是认知的钱，即和自己观点相同的钱。换句话说，我们在投资市场交易的不是股票，而是自己的观点。面对同一只股票，为何有人赚钱有人亏钱？这只股票本身并不产生钱，而是你自己入场和出场的决定，让你盈利或亏损的，这就是认知。

通过达克效应，我们知道，无论盈亏，都是由自己的认知水平决定的。即使短期内因为运气赚到了钱，但这种靠运气赚的钱，最终会因为认知不够而亏回去。

要想在市场中存活，且活得好，就要保持开放心态。只有内心开放了，才能看到其他的可能性，明白自己的局限性，才能不轻易否定一件自己认知能力之外的事情。只有知道自己的不足，不断地通过实践和学习，才能提高自己的认知，当认知水平达到一定的层次后，钱就是认知的副产品。

这一点，能不能理解，也是你的认知。

"聪明人总是充满疑惑，而傻子却坚信不疑。"

——罗素

2.2 思维定式

下面说一个案例。

我有一个研究能力很强的朋友，他在 2015 年时，买入融创中国（HK01918），当时价格是每股 3 港元多一点，到了 2020 年，融创中国的股价最高曾涨到 43 港元/股，这一笔投资在股价最高点时盈利接近 14 倍，5 年 14 倍，可以说是非常成功的投资。

然而，在 2020 年后，市场风云突变，在"房住不炒"的大背景下，为了防范地产行业盲目扩张、盲目上杠杆出现金融风险，相关部门出台了政策，随后有不少地产商债务违约"暴雷"，也使得融创中国股价在随后两年内跌至 2.9 港元/股，从最高点跌幅达 93%。

这位曾经非常成功的投资者，一路持有下来，不仅接近 14 倍的账面盈利化为乌有，甚至转盈为亏，如图 2-2 所示。

图 2-2

为何会这样呢？表面上看，是因为没有止盈，没有尊重趋势，但他为何不止盈？为何不尊重趋势？这背后深层次的原因，其实是"思维定式"，方法问题只是表象，思维模式问题才是核心。

什么是思维定式

所谓思维定式（也称惯性思维），是心理上的"定向趋势"，它是一种由先前的活动而造成的一种特殊的心理准备状态，或活动的倾向性，会对以后的感知、记忆、思维、情感等心理活动和行为活动产生影响。在环境不变的条件下，思维定式会让人能够应用已掌握的方法迅速解决相应的问题。而在情境发生变化时，它则会妨碍人采用新的方法。

从定义可知，思维定式并非一个单纯的褒义或贬义词，在外部环境不变的情况下，思维定式形成的经验，有助于快速解决问题，但在外部环境发生巨大变化的情况下，思维定式会妨碍解决问题。

通过上面的案例可以看出，这位投资者因为过去紧紧抓住融创中国让他赚到了大钱，再加上融创中国在 2017—2018 年中有过一次 50% 左右的下跌，后面却成功修复的走势，让他形成了两种思维定式：

（1）长期持有融创中国可以赚大钱；

（2）有大跌也不怕，后面还能涨回去。

在这两种思维定式下，即便后面市场环境发生了变化，甚至基本面也发生了变化，他仍忽略了这些不利因素，找理由说服自己继续持股（如赢家通吃，融创中国作为龙头，会兼并一些小地产公司，从而安然度过危机等），说服自己相信它的股价还会涨回来。

这种思维定式导致他严重地背离了事实，忽略了事实，而且扭曲了事实。

思维定式是一种思维陷阱，对投资和交易的影响非常大，我们有时候会不知不觉地掉入陷阱。

比如在 2019—2020 年核心资产大涨的思维定式下，很多投资者因为在核心资产里赚了大钱，就认为它会一直大涨，结果到了 2021 年，核心资产的相关个股价格开始大跌，很多上市公司股价跌幅超过 60%，如恒瑞医药、格力电器、中国中免等，如图 2-3 所示。

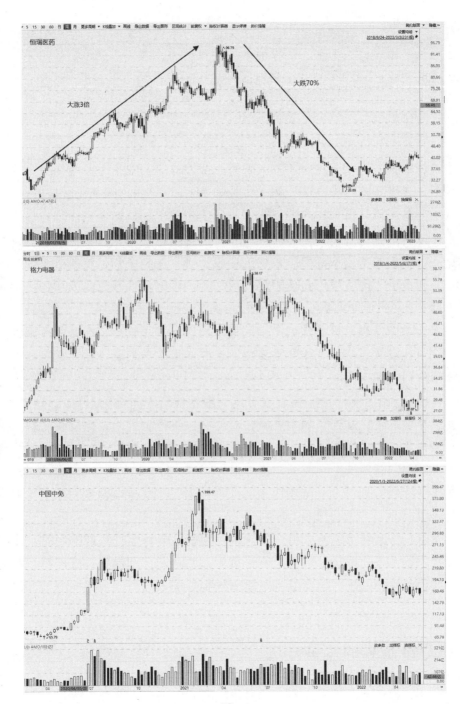

图 2-3

反之亦然。比如被很多投资者定义为夕阳产业的煤炭业，在 2015 年牛市后股价基本没怎么上涨过，在很多人的思维中，煤炭业就是落后产业的代表。结果，到了 2020 年 7 月，煤炭股开启了一波持续两年的牛市行情，成为 2021 年和 2022 年涨幅位于前列的板块。很多人正是因为思维定式，导致错过了煤炭股行情。

《缠中说禅》曾说"你的喜好，就是你的死亡陷阱"，这句话就是讲的思维定式的危害。你因为持股不动大赚过，或在某个行业、个股中赚过大钱，就形成了思维定式，最后会因为持股不动亏回去。你因为对某个板块的偏见，形成了思维定式，就会因为偏见错过相应的机会。

所以，思维定式也是一种思维惰性，这种惰性很容易让我们沿着老路走"捷径"，我们通常喜欢买熟悉板块的个股，排斥新的事物，就是思维惰性的表现。在很多人的思想中，认为过去成功了，未来这样做也会成功，这种思维惰性，不仅阻碍了发现新机会的能力，还阻碍了我们发现最新变化的能力。

从这个角度讲，思维定式产生的根本原因，是思维停留在过去的某种成功经验中，没有客观反映最新的变化。这里面最致命的是，它们都是在你不知道的情况下发生的。

在融创中国的例子中，旁观者可能一眼就能看出问题，从基本面角度看，有政策环境恶化；从走势的角度看，趋势已经下行。因为趋势反映了基本面的一些变化，两者相互佐证，是很容易从融创中国中脱身的。另外，已经赚了 14 倍的利润，即便不在最高点附近退出，在后面退出也能保住大部分利润，但在思维定式的影响下，导致他无法看清事实，活在自己的历史经验和虚构的幻想中。

所以，不知道自己不知道，才是最危险的。思维定式形成的经验，很容易让我们忽略最新的变化，在不知不觉中，掉入了认知陷阱，还浑然不觉。

这种思维模式下，对交易的危害当然是巨大的。

克服思维定式的几种方法

那么，如何才能克服交易中的思维定式呢？有下面几种方法：

（1）保持开放心态。思维定式是束缚创造性思维的枷锁，而开放的心态，是接纳外在事物的基础，也是接纳变化的基础，一个人只有心态开放，才不会被自己的想法蒙蔽。

（2）对事实做客观反应。无论什么时候，都要对当下事实做客观反应，不要试图用自己的想法代替事实。

（3）保持逆向思考习惯。当一件事物正在发展时，我们要反向思考一下其可能性，因为物极必反是规律，几乎所有事物都有周期性，经常保持逆向思考，就会避免在危险来临时的措手不及和浑然不觉。

（4）保持求知欲，学无止境。世界是动态发展的，不是静止不动的，无论当前懂得有多少，都是有一定局限性的。要承认自己认知的局限性，持续学习，跟上事物的发展。

佛语"世间人，法无定法，然后知非法法也"，即真正的世外高人们，方法是没有固定的，没有固定的方法才是最好的法则。这不就是要避免思维定式吗？

在交易里，交易者既要坚持方法的一致性，避免方法的左右摇摆，又要防止掉入思维定式的经验主义陷阱，这才是交易里最难的。既矛盾，又统一，仅仅是这种辩证思维，就把那些想在市场中找一种一劳永逸简单方法的人，挡在了大门之外。

2.3　线性思维

生活中，我们常常遇到被人教导说不要用线性思维思考，那么，到底什么是线性思维呢？

什么是线性思维

由 A 直接推导出 B，而没有考虑更多的影响因素，这种直线的、单向的、一维的、缺乏变化的思维方式，被称作线性思维。线性思维认为事物之间只存在简单唯一的因果关系，而无法认识到事物之间更多方向、更复杂、更曲折的因果关系。

线性思维是人类最常用的思考方式之一，因为简单直接，在面对问题时，人们往往都有走捷径解决问题的倾向，所以就不知不觉地用线性思维来解决问题。比如：

你是东北人，酒量一定会非常好；

只要我的一举一动像西施一样，大家肯定也会像喜欢西施一样喜欢我（东施效颦）；

只要我对他好，他一定也会对我好；

男人和女人吵架，一定是男人在欺负女人；

……

这些都是典型的线性思维，认为一旦具备了某种条件，就一定能得到必然的结果。归因过于单一，因为 A，所以 B，而不再思考 C 或者 D。

因为人的思维是有惰性的，在思考时，能简单解决的问题就不会、也不想做过多的思考，所以，在面对问题时，最先调动的就是线性思维。诺贝尔奖获得者丹尼尔·卡尼曼在《思考，快与慢》一书中讲了大脑有快与慢两种做决定的方式。常用的无意识的"系统 1"依赖情感、记忆和经验迅速做出判断，它见闻广博，使我们能够迅速对眼前的情况做出反应。但"系统 1"也很容易上当，它固守"眼见即为事实"的原则，任由损失厌恶和乐观偏见之类的错觉引导我们做出错误的选择。有意识的"系统 2"通过调动注意力来分析和解决问题，并做出决定，它比较慢，不容易出错，但它很懒惰，经常走捷径，直接采纳"系统 1"的直觉型判断结果。

线性思维就是"系统 1"的思考决策方式，它会束缚我们看到其他的可能性。在交易和投资中经常使用线性思维，是致命的，如：

（1）看到一条利空消息，就立即认为某股价格会大跌；

（2）看到一只个股发布预告，其业绩超预期，就立即认为股价会大涨；

（3）被低估的股票，其价格一定会上涨；

（4）某只股票价格上涨了，一定有风险；

（5）加息，股市一定跌；降息，股市一定涨；

（6）美股跌，A 股也要跌；美股涨，A 股也要涨。

这是非常普遍的现象，甚至是每天都会遇到的情况，这就是交易者被线性思维影响的缘故。然而，事实如何呢？利好不一定导致上涨，因为有可能是利好出尽变成了利空；利空也不一定就导致下跌，因为利空出尽，情况不可能更糟了，反而变成了利好。

想理解这些问题，提高交易水平，就要摈弃线性思维，采用非线性思维思考，也就是用"系统2"，通过调动注意力来分析和解决问题。只有这样，才能看到其他可能性。

下面举例说明在线性思维和非线性思维下对同一个事件的反应和应对。

我们心仪的一只个股，在某个交易日的晚上突然发布了一个利好，如打入了知名企业的供应链，拿到了一个大订单，这对于公司应该是非常积极的影响。我们看看线性思维和非线性思维如何思考这个利好消息的。

- 线性思维（"系统1"）：这是一个巨大的利好，会拉动公司业绩大幅增长，未来空间巨大，明天可能就要大涨了，不买就会错失好机会。
- 非线性思维（"系统2"）：这是一个巨大利好，但当前股价已经上涨很多了，尤其是这两天明显大涨，是不是已经提前反映了这个利好？要做测算，看看打入供应链，能带来多少利润增长？天花板是多少？当前是不是高估了？

你看，"系统1"的决策来自直觉，"系统2"的决策来自深度分析和思考，不同的思维模式，面对同一个好消息的反应是不同的。显然，线性思维更加简单直接，很容易导致次日开盘后就冲进去，越是大涨越会冲进去，因为越是大涨越感觉自己要错过机会。而非线性思维更加理性，虽然是利好，但如果市场已经透支了利好，那么利好就变成了利空，所以要测算清楚长期影响再做下一步的决定。

事实上，我们看到很多时候出现利好但个股不涨甚至反跌的，都是这个原因。利弗莫尔就是利用利好出货的投资大师，他曾在书上讲过，只有在利好消息出现，公众大举买入，流动性最好时，才有利于大资金出货。在这种情况下，如果你是线性思维，就会被利用，从而成了"接盘侠"。

反之亦然。

2022年4月27日到7月1日期间的美股，因为通胀数据不断超预期，导致加息力度加大，于是美股持续下跌创出新低。然而，A股却不跌反涨，根本不理会美股的下跌。这个阶段，纳斯达克指数下跌接近 10%，而创业板指数（SZ399006）却上涨超过 30%。如果是线性思维，认为美股跌 A 股也会下跌，就会错失这段强劲的行情。

可见，线性思维对交易影响是巨大的，因为在面对问题时，人性中走捷径的特点，会导致线性思维第一个"站出来"去思考和解决问题，从而把我们带入单一的判断。所以，要想做好交易，首先要摒弃线性思维，避免简单化地思考问题。

避免线性思维的两个原则

为了避免交易中受线性思维的影响，可以参照两个基本原则：

（1）事实检验

实践是检验真理的唯一方法。一个逻辑再完美，想法再好，也要看能否得到事实验证，如果能，说明逻辑或想法是成立的，否则就是自己的一厢情愿。比如，在猪肉价格上涨时，线性思维可能认为猪肉股的投资价值来临，然而，猪肉价格上涨也会导致养猪的人越来越多，使得竞争加剧。最终，逻辑是否正确，都要看市场是否认可，也就是走势能不能印证逻辑。

（2）反向检验

当一个利好消息出现时，股价理应上涨，但最终涨了吗？如果没上涨，那就说明里面存在问题。反之亦然，当一个利空消息出现时，股价理应下跌，但是最终跌了吗？如果没下跌，那也说明有问题。该涨不涨就是弱，该跌不跌就是强，该干什么时没有干什么，就要从反方向思考。利好出尽，就意味着最好的时候已经过去了，只能往差的方向发展了，反之亦然。

无论是"事实检验"还是"反向检验"，都是强制我们去调动"系统 2"去思考问题，避免简单化，只要把握好这两个基本原则，当事件（利空或利好消息）出现时，就套入这两个原则检验一下，基本上就能杜绝线性思维的影响。长期坚持这两个原则，这种审慎的思考方式就会深入大脑，久而久之，就成为你的第二天性，不必刻意去控制，也不会受线性思维的影响了。

2.4 证实性偏见

《列子·说符》中记载了一个故事：人有亡斧者，意其邻之子。视其行步，窃斧也；颜色，窃斧也；言语，窃斧也；动作态度，无为而不窃斧也。俄而掘其谷而得其斧，他日复见其邻人之子，动作态度无似窃斧者。

这段文字的意思是，从前有个人，丢了一把斧子。他怀疑是邻居家的儿子偷去了，便观察那人，那人走路的样子，像是偷斧子的；看那人的脸色表情，也像是偷斧子的；听他的言谈话语，更像是偷斧子的，那人的一言一行，一举一动，无一不像偷斧子的。不久后，丢斧子的人在上山时发现了他的斧子，第二天又见到邻居家的儿子，就觉得他言行举止没有一处像是偷斧子的人了。

这个故事，用现代的心理学理论解释，就是证实性偏见。

证实性偏见对交易的影响

所谓证实性偏见，是指当一个人确立了某一个信念或观念时，先入为主，在收集信息和分析信息的过程中，产生的一种寻找支持这个信念证据的倾向。也就是说，他会很容易接受支持这个信念的信息，而忽略否定这个信念的信息，甚至还会花费更多的时间和认知资源贬低与他们看法相左的观点。

证实性偏见是普遍存在的。比如，我们讨厌某个人，那么，就会下意识地关注这个人的缺点和负面消息，用以证明这个人确实不招人喜欢，而且越来越讨厌，越看越不顺眼；反之，如果我们喜欢一个人，我们看到的都是这个人的优点，爱屋及乌，而对于其缺点，感觉也很容易接受，或者视而不见。

1. 证实性偏见的危害

下面分析一下证实性偏见对交易的影响。

当我们看好一只个股时，会不知不觉地去搜集这只个股的利好信息，用以支持自己的观点，并不断自我强化，对于利好消息很容易轻信，而对于一些利空，总是下意识回避和轻视。反之，对于自己不喜欢或看空的个股，即便它不断上涨，走出清晰的上升趋势，我们也会找一些负面消息支撑自己"不看好"的观点，如怪罪于市场炒作等。

2019 年，我和一个朋友吃饭，偶尔聊到股票，他说买了一只教育股——佳发教育（SZ300559），当时在智慧教育快速扩张的情况下，这只股票的业绩非常不错。然而，在 2020 年后，整个教育板块出现利空，佳发教育自然也不能幸免。

2020 年 12 月，我和这位朋友通电话，又聊起佳发教育，他依然在坚定持有。

他："长期看，佳发教育依然是值得看好的，公司有教育信息化、防作弊系统，都是有比较大的想象空间的。"

我："可它当前正在下跌，市场已经明显反映了对其逻辑的不看好。"

他："它被市场错杀了。"

我："你为何不认为是你自己错了呢？"

他："我的判断是对的。"

既然你的判断是对的，为何得不到市场的认可呢？人们总是会坚信自己的观点或假设，即使这个观点或假设与证据相矛盾，或出现非常显著的反面证据，人们还是不愿意承认，反而去求证、解释自己的观点或假设才是正确的。截至 2021 年年底，佳发教育股价距离 2020 年的最高点下跌超过 70%，我这位朋友依然认为自己是正确的，在遥遥无期的回本之路上坚守，如图 2-4 所示。

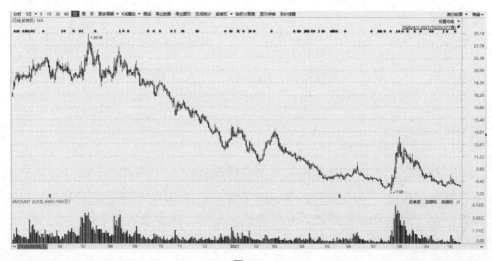

图 2-4

证实性偏见导致的最大问题，就是不能客观地接受当下正在发生的事实，而是找有利于自己观点的证据，去证明自己是对的，否认或无视不利的证据。

2. 证实性偏见导致的结果

证实性偏见还可以解释趋势的力量。当市场上形成一种"股市将持续上涨"的信念时，交易者往往对有利的信息或证据特别敏感并容易接受，而对不利的信息或证据视而不见，继续买进从而进一步推高股市。相反，当市场处于下跌或恐慌状况时，人们就只看到不利于市场的信息，对利好视而不见，以至于恐慌抛售，进一步推动股市下跌。

简单来说，证实性偏见导致的结果就是：你看到的，只是你想看到的，而不一定是事实。在证实性偏见影响下，每个人都是主观的，会不知不觉地忽视、扭曲客观存在的事实。

更可怕的是，这种情况是在下意识情况下发生的，除非你主动意识到证实性偏见的存在，否则，被影响了很可能还不知道，这会让人在交易里吃大亏。

如果存在证实性偏见，当持有的个股下跌时，你会搜集支撑你观点的证据，来佐证自己的正确性，"证明"当前的下跌是错误的，还会不断地寻找这只个股的利好来说服自己，如它的业绩这么好、景气度这么高、估值这么低等，当前是被市场错杀了。而对于明显存在的利空，会不知不觉地回避掉，或者即使知道，也不愿意承认。尤其是，对于"正在下跌"这个事实，你选择性地忽略不计。很多账户的大亏，都是因为内心存在这种偏见导致的。

可见，证实性偏见对于交易的危害是巨大的。

消除证实性偏见的两点建议

想消除内心存在的证实性偏见，非常难，甚至可能是交易者需要持续一辈子的战斗。这里有两点建议：

首先，要承认证实性偏见的存在。也就是说，在我们的认知里，要理解这种偏见是普遍存在的，承认自己会受它的影响。承认它的存在，是第一步。试想，如果你都不知道证实性偏见的存在，犯了错误还茫然不知，正如达克效应里讲的"不知道自己不知道"，又如何去改正它呢？

其次，站在一个更高的角度审视自己。即我们要强制自己跳出自我，用旁观者的眼光去看"我"，通过回溯，分析自己失败的交易案例，找到自己不够客观的证据，如只关注有利于自己观点的信息，而下意识地忽略掉不利的信息，以及是不是给了"利好"信息太多的决策权重等。很多时候，我们身处其中难以看清，只有跳出自我，才能看到这些问题。

做到这两点后，再经过慢慢训练，就可以逐步摆脱证实性偏见的影响。当你不受影响时，会发现思维模式上升了一个高度。这时，再看其他交易者，就会发现思维模式中的缺陷，是多么明显，但你在还没有摆脱它的影响前，你就是他们中的一员。

范 K.撒普博士曾讲过一个理论："你交易的仅仅是你对市场的观点，而不是股票。"这句话背后的理论，就是证实性偏见。

无论你是进行价值投资、趋势投资，还是其他任何一种交易模式，你参与交易的都不是股票，而是你的观点。比如在股票被低估后买入，你认为被低估的股票一定会价值回归，这就是你的观点，但市场不一定这样认为，因为很多个股被低估，有我们不知道的因素和"黑箱"存在。

在证实性偏见下，我们看到的可能只是自己希望看到的事情，不一定是真实发生的。如果你相信市场充满了陷阱，会看到市场里的欺骗；你相信价值会回归，就会搜集有利于这方面的证据；你相信趋势会延续，也会搜集有利于它的证据。

摆脱证实性偏见的影响，是让自己客观的前提；让自己保持客观，又是交易成功的前提。

2.5　后视偏差

前一段时间，有一次和朋友开车外出，他建议走一条小路，路不好走但近一些；我建议走高速路，路途远但速度会快一些，两条路到达目的地的时间差不多。后来，他妥协了，我们从高速路上走。没想到的是，在高速路上遇到一个事故，导致堵车，最终晚了近两个小时。他开始埋怨："你看，让你不听我的，我早知道高速路上不好走，不如我说的路更快。"

朋友的埋怨看似有充足的"证据"，我也无力辩驳，但却不知不觉陷入了"后视偏差"的陷阱。

大家在生活中应该遇到过类似的事情，当事情发生后：

"我早知道这个方案不行"；

"我早知道他是什么样的人"；

"我早该空仓"；

"我早知道这只股票价格会大涨"；

……

这就是俗话讲的"马后炮"或"事后诸葛亮"，心理学上叫作后视偏差。我们在不知不觉中陷入这种后视偏差，即当我们得知结果后，从结果给出的线索去寻找论据，通过结果导向，给予支持当时观点的论据更多的决策权重，忽略掉相排斥的论据，从而证明当时的判断是正确的。

后视偏差的危害

后视偏差会导致在事情发生后，觉得自己事先的判断很准确。后视偏差潜伏在我们的意识中，会在不知不觉中影响判断，对交易危害巨大。

通常情况下，在交易中，我们都是根据历史信息或股票走势做决策的。注意"历史"二字，一个信息发生了，一个走势出现了，就成了历史。我们通过这些历史信息和股票走势回看行情，感觉看得清清楚楚。因为这时，是在用上帝视角观察市场，在哪里入场，哪里出场，看得一清二楚，逻辑是顺畅且精准的。

当市场大涨时，能找出充分的逻辑去证明大涨是理所当然的；反之，也能找出一万个理由证明大跌合情合理。我们去寻找"恰当"的逻辑证明走势，而忽略了相排斥的逻辑。相当于事情发生后，再找各种理由解释、拟合等，去后验逻辑，为涨跌"找理由"。

后视偏差在交易中导致的一个典型问题是：我早该如何去做。如果市场走得很好，我早该买入或重仓；如果市场走得很差，我早该减仓或离场。

然而，这只是一种错觉，一种假象。往回看历史时仿佛看得清清楚楚，但往前看时未来依然迷茫，充满了不确定性。因为当事后回看时，每个人的想法，都在不知不觉中被"倒回去"的印象修改了，剔除了相排斥的想法，才会产生一种所谓"我早就知道会这样"的先知心理。

事实上，如果再倒回你决策的时间点，你可能依然做出同样的选择，而不是事后看逻辑中的"正确"选择。

如果不能克服后视偏差的影响，你将活在"后悔"中，后悔自己当时"明明知道"，为何没有这么做。这是我们要充分理解和认识的，并且要努力克服的现象。

克服后视偏差的技巧

那么，怎么才能克服"后视偏差"对交易的影响呢？

（1）活在当下，只有当下发生的才是有意义的。不要为过去（历史）发生的事情后悔，更不要为尚未发生的事情担忧，只有当下的事实，才是决策的依据。

（2）形成自己的投资体系，完全按体系操作，买点来了就买入，卖点（包括止损和止盈）来了就卖出。这样，所有的盈亏，都是执行体系的结果。并且，只要完全按体系操作，即使账户亏损也是对的（体系内的成本），如果不按体系操作，即使账户盈利也是错误的。不要有踏空和卖飞的想法，踏空和卖飞就是典型的后视偏差，只要按体系操作，就不存在踏空和卖飞。

（3）不要为下跌或上涨找逻辑、找借口。市场永远是对的，存在即合理。

（4）养成记录的好习惯。记录下自己决策时的想法，比如买入时的逻辑是什么，这样，事后回溯分析交易时，就知道当时是怎么想的，而不是只通过结果拟合相匹配的想法。你清晰地记录了当时买入的想法，就避免了事后找逻辑、找借口对错误的想法"合理化"。

克服了后视偏差，不仅对交易有巨大的积极作用，对生活和工作也是如此，它有助于培养我们活在当下的心态。

这里送给大家一句话：

"沉溺在'如果情况不同，又会发生什么'的设想里面，绝对是让人精神失常的不二法门。"

——《莫斯科绅士》

2.6 锚定效应和自我实现

大家在逛超市时，肯定遇到过这种情况：

一包方便面，建议零售价为 12.8 元，实际售价为 9.9 元；一提纸巾，上面写一个标价 28 元，但用横线画掉，然后写一个优惠价 18 元。

这种营销手段非常普遍，但是你有没有想过，商家为何这样做呢？这都是基于一个心理学名词：锚定效应。

锚定效应在交易中的应用

你肯定也有过这种经历：

在服装店看到一件心仪的衣服，你问售货员价格，被告知要 800 元。你很想买，于是开始还价，700 元可不可以？售货员声称 700 元亏本，让你再加一点，于是你加到 750 元成交。从你的角度来看，你认为便宜了 50 元，内心非常愉快地接受了。

但这件衣服实际可能只值 300 元，你在还价时，受到了售货员告诉你的 800 元卖价的影响。售货员有时候为了多赚钱，也为了让你感觉东西更超值，故意抬高价格。你内心之所以接受，甚至感觉占了便宜，是基于售货员告诉你的 800 元这个价格，让你在不知不觉中有了比较。

上面的案例，方便面 12.8 元的标价、纸巾 28 元的标价、衣服 800 元的标价，都是锚定价，也就是俗称的基点。

在锚定效应下，人们需要对某个事件做定量估测时，会将某些特定数值作为起始值（基点），起始值像锚一样制约着估测值。在做决策时，会不自觉地给予最初获得的信息过多的重视，使得基点就像一个锚一样，影响了你的判断。

锚定效应最初是由诺贝尔经济学奖得主丹尼尔·卡尼曼提出的。卡尼曼教授讲过，人们在做出判断时易受第一印象或第一信息（即初始锚）的支配，以初始锚为参照点进行调整，但由于调整不充分而使得最后判断偏向该锚的一种偏差现象。简单来说，锚定效应就是一种认知偏见，人们在做决策时会过分依赖之前轻易获得的信息。

我们再看一个大学教授指导的营销策划案例。

教授首先把学生的冰激凌产品命名为"七个小蛋筒"，然而在生产包装时故意将一个包装袋中放入八个蛋筒。这样一来，有些细心的消费者购买后发现实物"竟然"比约定的蛋筒多一个，几次购买行为发生后，有不少消费者认定这批货"出了问题"，反复购买并口口相传，这种行为带动了当年"七个小蛋筒"产品的热销！

这就是典型的锚定效应。购买者锚定了产品名称中的"七个"小蛋筒，于是有了比较，当拿到的实物是"八个"时，感觉自己占了便宜。试想，同样的价格和冰激凌商品，如果老老实实地命名为"八个小蛋筒"，会出现这样的效果吗？

锚定效应其实在不知不觉中，影响了人们的思考和行为。这种思考和行为，在交易市场中更加明显。如果我们理解了锚定效应，就可以加以利用。

当市场创出一个高点或低点时，因为这个价格显而易见，很容易被识别，所以很多人不知不觉将这个高点或低点作为锚定价，之后的每一个价位都要根据这个锚来衡量和比较。新价格是高还是低，完全取决于它是高于还是低于这个锚定价。

锚定效应影响交易行为

为便于大家理解锚定效应是如何影响交易行为的，下面简单说明。

当股价运行到前低位置（区间底部），本身想卖出的交易者，会锚定前低价格作为参考（因为前低这个价格一眼就能看到），也就是基点。这个时候只要股价稍微一停顿，卖出的交易者认为股价在前低位置获得了支撑，倾向于再观察一下，卖出的意愿会降低。场外准备入场的交易者也是如此，看见股价出现停顿现象，认为前低起到了支撑作用，倾向于在这里买入。于是，原本计划卖出的人卖出意愿降低，买入的人进场，股价就真的获得了支撑，出现了调头向上的结果。当很多人都这样想时，市场就真的出现了这样的结果，这种现象在心理学上，叫作"自我实现"。

反之亦然。股价运行到压力位置或前高位置（区间顶部）时，本身想卖出的交易者，会锚定前高这个价格，这时只要股价稍微一停顿，很多人就会认为这里存在压力位，股价很难冲上去，于是卖出的意愿加强。场外准备入场的交易者也是如此，看见了股价出现了停顿现象，无法形成有效突破，倾向于在这里观望。原本计划买入的人买入意愿降低，卖出的人意愿加强，股价就自然地被压制，产生回落现象，需要重新蓄势。

这就是支撑位和压力位的形成原理，支撑位和压力位会在前低和前高附近形成。近期的高价或低价之所以形成压力位或支撑位，正是因为锚定效应，因为很多人锚定了这个价格（锚定价）进行操作。参考的人越多，相信的人越多，就真的成为了事实——市场自我实现。

图 2-5 所示是贵州茅台（SH600519）2020 年 7 月至 2021 年 1 月的走势图。从图中可以看出，贵州茅台在一波上升趋势见顶后，形成了一个高点和低点，这个高点和低点成为接下来为期半年的区间震荡走势的基点（锚定价），股价一旦碰触高点附近就回落，碰触低点附近就反弹，一直到成交量明显放大改变了区间震荡的供需格局后，价格才向上突破。在此区间内，股价明显受到锚定效应的影响。

从该案例也可以看出，所谓量价行为分析，其本质上分析的是市场参与者的群体心理，而不是技术本身。很多价值投资者看不上技术分析，其实是没有理解背后的逻辑形成原理。

锚定效应在交易里，是非常重要的一个心理效应或心理现象，如果我们能理解锚定效应，就可以利用以此而形成的规律，使操作具备概率优势（注意，这里说的不是确定性，而是概率更高，即当你拥有概率优势时，长期来看就会获得成功）。很多好的交易机会，都产生在这些锚定价附近，如一些关键点、买卖点，都在此处形成。

关键点其实是心理点位，我只在关键点附近交易，就是这个原因。

图 2-5

2.7 瓦伦达效应

瓦伦达（见图 2-6）是美国著名的钢索表演艺术家，演技高超，以前从来没有出过事故，因此，演技团派他参加一次极为重要的演出。

图 2-6

瓦伦达深知该次演出的重要性，因为到场的观众都是美国的知名人物，这一次成功不仅将奠定自己在演技界的地位，还会给演技团带来前所未有的支持和利益。因而他从接到演出通知开始到演出前，就一直在仔细琢磨，每一个动作、每一个细节都想了无数次。

但这次演出开始不久，意外就发生了，当他刚走到钢索中间，仅做了两个难度并不大的动作后，就从10米高的空中摔了下来。

事后，他的妻子回忆："我知道这次一定会出事。因为他在出场前就一直不断地说'这次太重要了，不能失败'。在以前，他只是想着走好钢索这事的本身，不去管这件事可能带来的一切。但这次瓦伦达太想成功，导致无法专注于事情本身……"

心理学家把这种为了达到一种目的总是患得患失的心态，命名为"瓦伦达心态"。这种受过度关注目标导致行为失常的效应，称作"瓦伦达效应"，在心理学上又称为"目标颤抖"。

目标颤抖的大意是说，当你特别想得到某种东西或特别想做好某件事时，即特别在意结果时，往往会因为太专注目标和结果，反而得不到、做不好。也就是说，当你特别专注目标和结果时，往往无法聚焦过程，你越想实现目标，却距离目标越远。

"瓦伦达效应"和交易有什么关系？这里展开讲一下。

很多人在交易中有一个陋习，就是经常打开账户看是否盈利。尤其是刚入市的新手，恨不得每分钟都盯着账户数字的变化，这就是太在意结果（目标）的表现。这种行为就像瓦伦达一样，会导致你无法聚焦在交易上，并转移你的注意力。当账户波动大时，会让你被情绪左右，从而做出错误的决定，比如在低位割肉或拼命死扛等。

举个很简单的例子。

你买了一只个股，本来应该聚焦在交易信号本身，包括买入、卖出或止盈止损、仓位管理等上面，当没有出现信号时就耐心等待，有了信号就立即行动。如果太关注账户金额的变化，当个股走势和预期相反，你本该立即止损，但你看到账户的浮亏，就想等回本再卖出，这对执行止损造成了困扰。结果事与愿违，股价继续下行，你浮亏越来越多，于是开始了死扛。你看见大额的亏损，心情必然低落，如果市场再有大的波动，看着亏损额急剧放大，心里开始恐慌，很可能在股价最底部位置处割肉。所以，如果你的意志力不强，账户的数字波动就是一味毒药，会牵引着情绪让你做出最糟糕的决定。

除了这种情况，由于太在意账户上数字的波动，即便盈利了，也很可能拿不住，担心盈利变少的想法会导致过早的离场。

正确的做法是，买入后忘记成本，不看账户，把精力聚焦在交易本身，聚焦在你的止损点和止盈点上，即关注止盈、止损信号，而不是盈亏的数字。只要你设置止损点并坚决执行，那么亏损是恒定的，也是可以提前预知的。更重要的是，不关注账户的波动，对于坚决执行买卖点信号（包括止损），会有很大的帮助，这样执行起来会更加顺畅，心里也不会有抵触情绪。

交易中，如果你盯的是结果（盈亏），结果就会对你产生影响。如果把注意力放在交易本身或执行计划上，心理压力就会减轻，交易会更加顺畅，错误时也容易止损，因为止损是你计划的一部分。

换个角度理解，即只要执行了计划，无论盈亏，你都是长期的赢家，因为你内心无比清楚，只要长期执行计划和完善体系，你终究会赚钱的，如果不能做到始终如一地执行计划，即使偶尔赚了一笔，早晚也会亏回去。

这也是查理·芒格说的"不要总是盯着记分牌"。在打球时，你想让记分牌上的得分增加，就必须盯着球场，专注于比赛本身，而不是盯着记分牌。它会让你分心，无法聚焦在比赛上。当你打好了一个接一个的球，分数自然就增加了。你想让账户上的数字增加，必须着眼于当下的交易，而不是账户的盈亏，当你一笔一笔地做好交易后，账户上的数字自然就增加了。

你想一想是不是这样？如果太在意交易的盈亏，注意力就无法聚焦在"交易"本身上，很容易导致交易变形，不是过早地卖出，就是过晚地卖出。

所以，一定不要做交易中的"瓦伦达"，而要忘记结果，专注每一笔交易本身。总这样思考和这样做，会让你一直保持良好的心态，消除盈利和亏损带来的心理波动，从而更加顺畅地执行你的体系，不受情绪摆布。

简单总结，就是：

（1）不过度关注盈利目标，甚至不设盈利目标，而是专注于每一笔交易；

（2）一笔交易一旦买入，要忘记成本，不要打开账户查看盈亏，而是关注这笔交易的止损点和止盈点，一旦触发，就立即执行；

（3）始终切记，交易的目标不是盈利，而是执行计划和规则，当你专注于执行交易计划和规则时，自然就盈利了。

2.8　有限注意力效应

在市场中，很多人以为赚不到钱的原因是机会太少，但实际上恰恰相反，是机会太多。

在 2021—2022 年，从大盘指数的角度来看，就是一个区间震荡行情，但板块和个股机会则很多。2022 年春节前的核心资产行情；2022 年 5~7 月的赛道方向，如光伏行业、锂电池行业和半导体行业的行情；2021 年 11 月~2022 年 9 月的顺周期行情，如煤炭钢铁有色，都是中级级别的趋势行情。这是从较长的时间间隔去看的，如果我们看的时间间隔短一点，则机会更多，几乎每个阶段都有领涨的板块（见图 2-7 和图 2-8）。

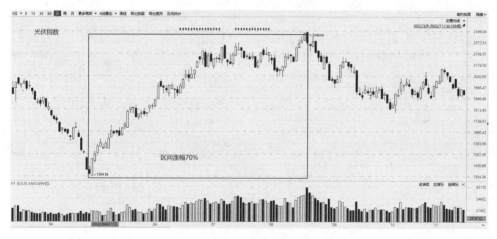

图 2-7

这是市场的新常态。随着市场的不断扩容，原来那种同涨同跌的行情越来越难见到，取而代之的是阶段性行情和结构性行情。尤其是 2022 年的行情，个股和板块轮动非常快，但持续性不足，导致领涨板块经常更换。

这种环境，你会感觉到处都是机会，也因为机会太多，反而导致选择困难。市场会给我们一种错觉，好像每天机会一大把，但就是把握不住，总是踏错节奏。为何会有这种感觉呢？这是一种"有限注意力"的心理效应。

图 2-8

"有限注意力"是心理学名词，用以说明人类在认知过程中存在的缺陷。人类在处理信息或执行多任务时的能力是有限的，因此注意力就变成了认知过程中的一种稀缺资源，它会下意识地引导人们去关注那些最容易引起注意的事情，而忽略一些平淡的事情。

在交易中，"有限注意力"效应会促使交易者关注涨幅最大的、成交量最多的股票，或者一些突发的重大概念等，即聚焦在少数表现优秀的领涨个股和板块上。换句话说，因为"有限注意力"，你看到的都是具有清晰识别特征的股票，比如当前表现最好的，然后大脑不知不觉地和自己的交易对比，如果你没有买对，就会产生心理落差。岂不知，这些表现好的，也和你手头的个股一样，是上下起伏的，并非一直表现好，只是在当前表现好时，被你注意到了而已。

如果交易者无法克制自己的欲望，在"有限注意力"效应影响下，就像一只无头的苍蝇，到处乱飞，闻到一点味道就要冲上去，这会导致交易者不断更换手里的个股（哪怕并没有触发你的设定条件），去追逐注意到的所谓机会，这就是追涨杀跌的根源，也是很多人即便在牛市中也很难赚到钱的原因。不是市场上没机会，而是机会太多，导致交易者像一头掰玉米的狗熊。

因此，如何克服"有限注意力"效应对我们的影响，让"有限注意力"聚焦在正确的地方，就成了能不能稳定盈利的关键。

怎么解决这个问题？其实很简单，就是将注意力回归到交易本身，回归到自己的体系中。

（1）首先，交易者要有一套自己的体系，它的作用就是从无序的市场中筛选出自己理解的、符合认知的机会，并且只做体系内的机会，放弃不属于自己的机会。那些不属于你体系的机会，因为涨得好，会吸引你的有限注意力，但本质上它们都是噪声，会扰乱你的节奏。有了体系，你看到的市场就是有规律可循的。

交易者之所以需要体系，根本原因，是因为内心有冲突。如在"有限注意力"效应下，你看到一些个股涨势强劲，与你持仓中走势一般的个股一比较，内心就会产生冲突。真正优秀的交易者，内心不应该有这种冲突，产生冲突说明你内心不够强大，易受贪婪和恐惧心理的影响。这时，体系就会帮助我们约束这种冲突，从而让交易不陷入情绪化。

（2）交易本身是极其简单的，即"等待买入信号→进场→等待卖出信号→出场"，再"等待买入信号→进场→等待卖出信号→出场"，然后重复这个过程，如图 2-9 所示。

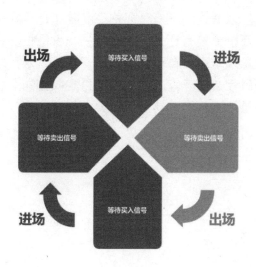

图 2-9

交易就是由"等待"和"信号"组成的简单循环，有"信号"就行动，没"信号"就"等待"。很多进场多年的交易者，仍无法获取稳定的收益，就是因为主观意识太复杂，经常在没有"信号"时自以为是地创造"信号"，或有了"信号"猜忌多疑，让交易变得复杂。很多交易者试图控制市场，让市场走势跟自己的主观意愿相符合，或是与自己的分析相符合，把自己的想法强加给市场。然而，越想控制市场，越会陷入混乱的泥潭，造成主观交易、情绪化交易、逆势交易甚至重仓交易。最后，不要说稳定地获利，想保住本金都很困难，亏损会不断消耗你的资金，以及让你陷入不理性的状态。

其实，交易本身并不需要交易者费尽脑汁地分析或预测，就像一位交易大师所讲："交易就像是在机场等行李箱，是你的箱子顺手提起来就行了，不需要做大量的分析和讨论，别人的箱子也不是你要关心的，别人箱子里的东西更不要你去做推理和判断。唯一需要的，只是有一点耐心就行了，等待有自己标记的箱子到来，然后提起来，打开。里面可能装着 5000 美元，也可能装着 10 000 美元，是多少就拿多少。别人的箱子里哪怕装着 100 万美元、1000万美元，那不是你要关心的。给你一个 1000 万美元的箱子，没准你提不动，还会把自己小命给卷进去。"

这位交易大师强调，交易不需要复杂的分析和判断，我们制定系统的目的就是让操作简单化，等待那些稳定又熟悉的信号而已。交易只是一门简单的技艺，任何人都可以掌握。没有必要把交易神秘化或妖魔化，这里面没有什么变幻莫测的东西，更没有什么不可掌握的神秘绝技。在满地黄金的投资市场里，只要你愿意只拿属于自己的那一份，就可以永久地拿下去。不要想创造什么传奇，超越什么大师等。我们只做稳定收益的交易者，不是去做大师、英雄的，更不是什么传奇人物。

把有限注意力用在关注符合体系的稳定盈利机会上，要比分析市场和猜测市场未来的走势重要得多。

2.9　沉没成本

2020 年国庆节期间，有一个亲戚举家搬迁到上海定居，老家的房子委托中介卖掉。在收拾旧房子时，发现一个刚买不久的沙发丢了可惜，卖掉又不值钱，于是想把沙发送给他姐姐。

他姐姐家也是新买的房子，家具也都是新的，并不缺沙发。但也和弟弟一样，认为丢了或卖便宜了都可惜。于是，找搬家公司花了几百元的人工费把沙发运回自己家里。

为何说这个事情呢？

因为这里隐含了一个和投资相关的非常重要的概念：沉没成本。

沉没成本是一个经济学概念，是指过往已经发生的、不可回收的历史成本。沉没成本与当前决策无关，当前决策应当考虑某件事未来可能发生的成本和未来所获得的收益，而不应该考虑过往已经发生的、无法收回的成本。

从上面这个案例可以看出，这个沙发无论你要还是不要，都无法收回成本了。然而，你做决策时，却被不能收回的成本影响，又多投入了几百元的人工费拉回去，不但占了很大地方，还没有明显的用途。显然，这个不能收回的沉没成本影响了对未来的决策。

再举几个更容易理解的例子。

赌徒们亏损越多，越会加大赌资以期待翻本，过往亏损的赌资即为沉没成本，因为如果不能翻本，之前的钱就白亏了。

企业投入研发费用，项目运转到一半时，发现研发的产品可能不适应市场需求，但还会继续投入，因为怕钱白花了，投入的研发费用即为沉没成本。

我们一起来思考两个生活中的案例。

你花 50 元买了电影票去看电影，看了半小时后，感觉电影实在是无聊透顶。这时，你会离开电影院吗？还是因为已经花了 50 元的电影票钱，而坚持到电影结束？理性的人在做决策时，就应该忽视掉这 50 元。因为不管你是去是留，这钱都已经花了。

还有去吃 180 元/位的自助餐，是应该按照需要选择性地吃，还是因为已经花了 180 元，就要多吃点，否则感觉自己亏了？这 180 元也是沉没成本，因为不管你吃多少，这钱你都已经花了。

事实上，大部分人都或多或少地受沉没成本的影响，对未来的决策形成掣肘。在投资和交易中，沉没成本的影响更大，如不能克服，会严重影响投资结果。

大家可能都经历过这样的场景，在买入一只个股后，这只个股走势不及预期，甚至你自己也认为买错了。但由于个股股价下跌被套牢，你往往不愿意及时止损，而是倾向于说服自己，继续持有这只股票，等待回本。哪怕这只股票的基本面已经发生了变化，你也不愿意卖掉它换一只更有上涨潜力的股票，甚至还常出现补仓行为。前期股票的投入成本即为沉没成本，很显然，浮亏这个沉没成本，影响了对未来的决策。你过于重视过去已经亏了的钱，对决策产生了巨大影响。

如图 2-10 所示，在 2022 年 1 月 13 日有个朋友以 197 元/股的价格买入了韦尔股份（SH603501），如果回到买入的当天，看这笔买入，应该是没有什么问题的，这是一个典型的趋势回踩买点。

图 2-10

问题出在后面。在买入后，韦尔股份仅短暂上涨了 3 个交易日，随后由于消费电子行业进入下行周期，逻辑层面发生了一些变化，股价便开始一路下跌，最终在 2022 年 10 月底跌到了 66.64 元/股，随后才开始小幅反弹，但这距离我朋友的买入价 197 元/股跌幅高达 67%，如图 2-11 所示。

图 2-11

谈起这笔交易，我问朋友，后面给了你很多机会，为何不止损退出呢？

他说，就是感觉自己浮亏了，不甘心，一直想等解套再卖出，结果越等越亏，越亏越不愿意卖出。

这就是受"沉没成本"影响的典型案例，这不仅仅是这一笔交易导致了很难翻身的大亏问题，同时还错过了很多其他的机会。如果他及时在小亏时退出交易，寻找逻辑更好的交易机会，可能早就赚回来了。

可以这样说，那些愿意长期持有亏损股等着回本的人，那些对于"止损"内心充满抵抗的人，都受到了"沉没成本"的影响。

正确的做法是，如果有一只个股在你买入后走势不佳，你更应该立足于交易本身，看它是不是仍旧符合你持有的条件，而不是考虑亏了多少钱（沉没成本），符合条件就继续持有，否则就及时止损，换到新的交易机会里面。

忘掉沉没成本，是一个交易者成长的必经之路。

2001 年诺贝尔经济学奖得主约瑟夫·斯蒂格利茨教授认为，普通人常常不计算"机会成本"，而经济学家则往往忽略"沉没成本"，这是一种睿智的行为。他在《经济学》一书中说，"如果一项开支已经付出，并且不管做出何种选择都不能收回，一个理性的人就应该忽略它"。

最后，再看一个故事。

有一次，甘地要坐火车到外地，当他踏上火车时，由于太拥挤，他的一只鞋子不小心掉到了车门外。就在这时，甘地迅速地脱下了另一只鞋子，向刚才鞋子掉下的方向扔去。

身边的人感到很奇怪，问他为什么这么做。甘地笑着说："失去的鞋子已经不可能再得到了。我留着一只鞋子也没什么用，现在我把它扔下去，如果一个穷人正好从铁路旁经过，他就可以拾到一双鞋，那么我就又做了一件好事。"

综上所述，即无论在生活中，还是在交易中，应该将决策的依据，放在某件事未来的意义上，而不是过去已经发生的、无法收回的成本上。

2.10 随机收益效应

我不知道大家想没想过一个问题，在市场中，仅靠运气，不用任何体系，偶尔也是可以赚到钱的。在《漫步华尔街》一书中，披露了 1973 年普林斯顿大学的教授伯顿·麦基尔所做的一个实验，就是一群猴子随机选择的股票比专家选择的要好，证明市场上股票价格的变化是完全随机的。换句话说，面对市场的数千只股票，让狗熊扔飞镖选择，都有可能扔中上涨的股票。所以，偶尔赚钱并不难，如果你遇到牛市，大部分个股都上涨，甚至有可能大涨，这种不靠体系赚到的钱，称为"随机收益"。

认清随机收益的陷阱

对交易者来说，"随机收益"本质上不能算是真正的收益，反而可能是一个陷阱。因为这不是靠规则赚到的钱，有很大的运气成分，这种收益和交易行为是无法复制的。只是这次运气好把飞镖扔对了，而下次呢？就有可能扔到下跌的股票，导致亏损。

如果不能理解这一点，"随机收益"会让你感觉理所应当，然后下次继续这样做，最终导致你违反体系，为长期的失败埋下了伏笔。

比如，你非常看好一只个股，按纪律，你应该等待符合体系的买点出现再买入。但因为当前走势很强，你担心错过就着急出手了。幸运的是，这只个股继续上涨，你赚到了钱。这就给你一种错觉，如果你等到买点再买入，就可能踏空了。这种没有执行自己体系买点的行为，反而让你赚了钱，这会让你的交易变得很随意，体系都成了摆设。终于有一天，你因为追涨导致了大亏（百分之百会遇到）。

再比如，你买入了一只个股，跌破了止损线，按纪律你应该退出。结果你非常犹豫，没有止损，恰好这只个股刚跌破止损线又回升了，你很庆幸。因为如果按照体系做，你这笔交易因为止损退出就会亏钱，没有执行体系，反而赚了钱。这时你很开心，认为不执行体系也没事。然而，这种体系外的"随机收益"，给未来埋下了隐患。终于有一次，因为你没有止损，出现了大亏（百分之百会遇到）。

这两个案例，都是我们会经常甚至每天遇到的。

从本质上看，"随机收益"是一个陷阱，它鼓励你不执行体系。因为有时候不执行体系会赚钱，执行体系反而会亏钱（或错过），所以很多人过不了这个心理关，导致左右摇摆，没有一个可以依据的原则。

因此，不要让"随机收益"害了你，"随机收益"会纵容你不执行自己的体系和纪律，最终走向失败。

避免掉入"随机收益"陷阱的方法

怎么才能避免掉入"随机收益"的陷阱呢？其实很简单，就是有一套自己的交易规则，也就是自己的体系，然后坚定不移地执行它。

什么是交易体系？交易体系的作用又是什么？我认为《交易心理分析》一书里总结得最好。

交易体系用一定的方法定义、量化并区分市场行为。因为市场表现出来的行为组合是无穷无尽的，其间既有机会，也有风险。交易体系只是关注特定的市场行为，这样我们就比较容易处理体系信号。

交易体系还能告诉我们在特定的市场状况中该如何行动。如果没有交易体系，交易者就像在看不见陆地的机会之海中漫无目的的漂流一样。

你要选择一个交易体系，这个交易体系能确定一种模式。这个体系最好是机械的，这样你就能在图表上看清市场行为。你的目标是了解这个体系的方方面面，不同因素之间的关系，产生利润的可能性，同时还要回避其他可能性。

在所有可能的走势中，你要学会只关注一种走势。也就是说你要放弃其他机会。等你能稳定掌握了一种模式之后，你再开始研究其他的走势。这对你的心理有几个好处：第一，你可以通过精准的分析来增强信心。如果市场无限的可能性没有让你感到头晕，那么你就容易增强信心。第二，通过放弃其他你不了解的机会，你就不会迫使自己去交易。冲动交易通常来自恐惧心理，恐惧心理会让你的行为不当。

市场上有无数个可能，交易体系只捕捉有限的行为特征。

有时候体系给出的信号和你的逻辑分析完全相反；有时候体系会证明你的逻辑分析是错的；有时候你采用了体系的信号，结果又亏钱了。你要明白，交易体系并不是让你拿来猜的。我的意思是，它的信号不是绝对正确的，交易体系只是通过分析过去的数据，从而给你一个具有概率优势的可能结果。

你在交易时信息满天飞，你根据某些信息对未来有一定的期望，但是你的交易体系并没有考虑这些信息。如此一来，信息告诉你的结果和交易体系告诉你的结果是矛盾的，这就是为什么人们很难去执行技术交易体系的信号。人们没有用概率思维思考的习惯——我们从小到大并没有学过如何用数学公式来分析大众行为的概率。

读了这一段我们就明白了，要构建一套适合自己的交易体系，交易体系有两个基本的作用：

（1）从市场的角度来看，能让你在无序的市场中识别出有序的结果。换句话说，交易体系就像是一个模板，我们在万千变化中，只做特定的、符合这个模板的机会，其余的全部作为噪声过滤掉。

（2）从个人的角度来看，交易体系能让你杜绝情绪的干扰，让你的行为具有一致性，从而避免了冲动交易带来的亏损。

简单来说，有了交易体系，你就有了"锚"，这个锚可能因人而异。有的人依据价值，有的人依据趋势，不管依据哪一种，都要让自己有"依据"，选择后就始终如一地坚持。否则，很容易被每天的市场波动带偏，陷入无休止的矛盾与纠结中。

我们要明白，短期的盈亏，也许会有一些运气因素，但能给你带来长期稳定盈利的，一定是一个可以依靠的体系。如果没有一套体系，这些靠运气赚来的"随机收益"，不可复制，早晚也会亏回去。换句话说，你只需要也只能赚到体系内的钱，因为它才是符合你认知水平的部分。同时，你的体系不仅仅帮你赚钱，更是帮你守住赚到的钱的。

如果严格遵照体系交易出现了亏损，也不要担心，因为这是体系的成本，而不是错误。任何一种体系，都会有特定的成本，市场中没有包赚不赔的方法。如果出现了亏损，要防止亏损扩大；而在盈利时，则尽可能多地赚取收益。只要你的体系能做到小亏大赢，长期看就一定是成功的。

在交易中，根本不存在所谓的错误，要把它当作市场给你的反馈。也就是说，对交易里的亏损（或失败、错误），要换个角度思考。账户的盈亏是市场根据你的认知水平给出的奖惩，认知达到了，市场就会奖励你，反之，则会惩罚你。这样，你的心里就会轻松地接受亏损，平静地看待盈利。

在很多年前，我常常对自己说，亏损是因为我的认知不够。如果我不学习、不提高、不改变，即便现在不亏，早晚也会亏。与其晚亏不如早亏，早一点亏，因为年轻且资金量少，以后还有翻身的机会。但如果不提高认知，到了后期再亏，可能就无法挽回了。命运掌握在自己手里，坚持学习，并对市场反馈做出合理的反应，找到自己的操作模式，才能赚到钱，并守住钱。

《海龟交易法则》一书里曾经说过，交易的全部秘诀，是始终如一地执行自己的交易体系。

这里再强调一遍：

长期来看，能在交易里取得成功的人，其稳定的盈利源于坚定不移地执行一套可复制的体系。只要按照自己的纪律操作，都是对的，和结果（盈亏）无关。不执行体系，赚钱也是错的，因为你赚到的钱不是体系内的钱，会掉入"随机收益"的陷阱，进入知行不一的恶性循环，导致长期失败。

始终如一地坚持自己的体系，无论市场如何变化，都不动摇。只有这样，才能挺过每个交易者都会遇到的逆境，进而把握顺境。否则，如果你摇摆了，就有可能错过你的顺境，导致左右挨打。

2.11　近因效应

大成是职业交易者，从事股票交易多年，有丰富的经验，也获得了不错的年化回报率。

大成有一个由 20 多只个股组成的股票池，他通过基本面分析，把符合自己选股条件的优质个股纳入股票池，然后等待交易时机出现。每日，大成紧盯盘面，耐心等待交易机会。终于，发现股池里面的一只个股，出现了完全符合自己交易模式的买点，他仔细观察走势图形后得出结论，"这里买入是一笔不错的交易，大概率可以实现盈利"。

果不其然，没过多久，这只个股就快速上涨，完全符合大成的判断，当日就封涨停板，短短三个交易日，就大涨了 20%。

然而，大成却一分钱也没赚到。

因为大成根本没有下单交易，只是在观望。他事后分析说："因为前两天刚刚做了一笔类似的交易，走势和买点完全和这次一样，但是那笔交易失败了，被迫止损出局。所以，当再次出现同样的买入机会时，担心此次也会失败，内心就犹豫不决，导致机会溜走。"

这是一个真实的案例，大成此次完全判断对了行情，也出现了完全符合体系标准的买点信号，为何大成却没能把握住机会呢？很显然，不是方法问题，也不是判断力的问题，而是心理问题。大成在出现交易信号的一瞬间，明显受上一笔交易失败的影响，产生了恐惧和犹豫。这在心理学上称之为"近因效应"。

近因效应的影响

所谓近因，就是指人们最近获得的事物信息。近因效应，就是指最近获得的事物信息对个体的影响作用比以往获得的信息对个体的影响作用要大。近因效应强调的是人们对事物的印象主要由新近接触的事物决定，它取决于时间的先后性，如我们在做决策的时候，最近发生的事情会影响我们的判断力。

上面的案例中，大成很明显受到了最后一次交易失败的影响，他过于看重新近信息（亏钱了），并下意识地以此为依据对新的一笔交易做出判断，忽略了以往信息的参考价值，也忽略了自己的规则，从而不能全面、客观、公正地对待当下的交易。

不仅仅是在交易中，在生活中亦是如此。比如，夫妻双方吵架的时候，彼此都会忘记对方的优点，只记住了刚刚吵架中对方的缺点，这就是受到了近因效应的影响，导致以偏概全，无法对对方做出客观的评价。曾有一个经典的故事，讲述了汉武帝的妃子是如何避免近因效应影响的。

汉武帝的妃子李夫人病重，汉武帝前去看望，而李夫人却用被子蒙住头死活不让见。其他人对她的做法感到很奇怪，纷纷责怪她不该这样对待汉武帝。李夫人却说："以容貌侍奉人的女人，一旦没有了姿色，别人对她的爱恋也会随之消退，没了爱恋，往日的恩义也就忘了。现在我病着，容颜憔悴，皇帝见了一定嫌弃，就不会再想起当初的恩爱。只有不见皇帝，我的兄弟和孩子才有可能在我死之后长久地得到他的恩惠和照顾。"

于是，李夫人直到死都没让汉武帝见到。果然，在她死后，汉武帝对她思念万分，念着李夫人倾国倾城的美丽容貌，就一直重用她的哥哥弟弟，恩惠整个李氏家族。在这个故事里面，李夫人很好地避免了近因效应带来的影响，给汉武帝留下的是之前的美好形象。

在交易中，我们会不知不觉受到近因效应的影响。

你是不是有很多类似的经历？在连续几笔交易失败后，自信心明显下降，开始畏畏缩缩，不敢下单，甚至看到了明显的机会也变得十分犹豫和谨慎；而在获胜之后，或者近期大赚一笔之后，自信心爆棚，感觉自己无所不能，开始过量交易、鲁莽交易，甚至出现违背规则的交易，这都是受到了近因效应的影响。

往大了说，近因效应还可以解释市场为何总是涨过头和跌过头。当牛市来临的时候，交易者最近感受到的"近因"都是积极的信息，比如强劲的上升趋势、明显的赚钱效应等，在近因效应下，交易者更加乐观，更加积极地加入交易活动，于是导致市场成交量放大，促进市场继续上涨，强者恒强。反之亦然，在熊市环境下，交易者感受到的"近因"往往都是消极的信息，所以变得更加谨慎，交易欲望降低，成交量萎缩，市场低迷，弱者恒弱。所以，强者恒强和弱者恒弱在某种程度上，和近因效应有一定的关系。

如何克服近因效应的影响

总之，近因效应对交易有很强的危害性，如果不能有效克服，会对我们的交易决策产生巨大影响。那么，如何克服近因效应对交易的影响？我总结了如下三条。

（1）**在思维层面及时清零。**不要将上一笔交易的情绪带入下一笔，无论是盈利的喜悦还是亏损的沮丧，在开始新一笔交易前，都要丢弃掉。不要将上一个交易日的情绪带入下一个交易日，每一天都是新的开始。让自己尽可能保持平静的心态，宠辱不惊地面对每一笔交易，面对每一个交易日。不要因为自己近期交易做得顺就骄傲自满，也不要因为近期交易做得不好就沮丧失落，无论是骄傲还是沮丧，都会影响你的决策。所以，在思维层面上，要笔笔清零，日日清零，周周清零，月月清零，让自己总是从零开始新一笔交易。

（2）**独立地看待每一笔交易。**在掷硬币的游戏中，每掷一次都是独立的，哪怕是你之前连续掷了九次反面朝上，第十次出现正面朝上的概率依然是50%，而不是10%或者90%，这就是赌徒谬误的思维陷阱。当前这一笔交易，和上一笔没有任何关系，和你近期的连续输赢也没有任何关系，当前的交易是独立的，只要是符合你的体系和原则的，获胜的概率和之前的输赢没有任何必然关系。所以，要专注于当下这一笔独立的交易。

（3）**系统地看待交易体系。**除了要独立地看待每一笔交易，还要系统地、全面地看待交易体系。虽然每一笔交易是独立的，它们之间没有必然的联系，但是你的交易体系是系统的，是经过你长期打磨验证的，具备概率优势的。也就是说，即便是在极端情况下，你连续做了几笔交易都亏钱了，但只要你不违背体系的原则，在交易足够多后，具备概率优势的体系终究会让你赚钱。在上面的掷硬币游戏中，即便是你连续掷了九次反面朝上，只要是你掷的次数足够多，结果终究会向50%的概率回归。这就是每一笔交易概率的独立性和整个体系概率的优势性之间的关系。所以，这也要求我们即便是在遇到困境的时候，也要对交易体系保持足够的信心，相信自己的体系。

理解了这三条，就能克服近因效应对交易的影响。

2.12　好公司和好投资的混淆思维

我曾经遇到过很多交易者，对下面的问题非常迷茫：

为什么一些看起来基本面非常好的公司，股价就是不涨？为什么很多优秀的公司股价上涨还比不上市场平均水平，甚至跑不赢一些看起来基本面并不是多么优秀的公司？

这些交易者很难理解和接受，看起来的"绩优股"跑不赢"绩差股"的现象，他们认为"好公司"股价一定上涨，"不好的公司"不应该比"好公司"走势更强。在潜意识里，他们认为是市场错了。然而，他们却不知道，是自己混淆了"好公司"和"好投资"的区别。

所谓好公司，普遍的定义，就是各方面都比较优秀，比如收入规模较大、有稳定的或者快速的销售额增长、优秀的管理团队、良好的企业治理、健康的财务指标、强大的竞争力等。

而好的投资，一言蔽之，就是能让你赚钱的投资。

那么，好公司一定是好的投资吗？答案是否定的。

依据上面对好公司的定义，当我们界定好公司的时候，就要分析上述指标，很多人忽略的一个问题是，当这些指标反映出来，并让我们看到的时候，都已经成为历史。换句话说，当我们分析一家公司的财务报表时，是在分析历史，是在用这家公司的历史指标进行线性外推，推导出这家公司未来也会很好。然而，一个不可忽略的事实是，没有任何一家公司永远能保持高增长，也许当下你分析的"优秀"数据，已经是成长周期的顶点，很难继续维持下去。同时，由于它的历史指标优秀，是众所周知的"好公司"，被交易者推崇，股价也会越涨越高，"优秀的数据"可能已经被市场充分定价了。除非这只个股在某些方面继续超出预期，否则，这种"好"早已反映在了股价里面。那么，未来如果增速稍微下降或不及预期，股价就可能大跌。

这里隐含了两个概念："预期被充分反映"和"预期差"。

我们做投资，本质是投资公司的未来，也就是预期。如果大众都知道一家公司很好，就会用资金对这家公司投票，把股价拉高，这家公司的好，就会全部体现在强劲的股价上，这个时候，"这是一家好公司"的预期就被充分反映了，甚至反映过头了。当这种预期被充分反映后，除非再出现超预期事件刺激，否则股价很难继续大涨，因为没有了预期差。很多时候，股价上涨，是因为预期差的存在，比如这家公司虽然很好，但并没有被大众充分认知，也就是很多人不知道或者怀疑它不是一家好公司，这就存在预期差，当这种预期逐步兑现的时候，也就是填平预期差的过程，股价就会有积极的正反馈。

为了说明这个问题，这里讲一个经典案例。

2020年2月份，新冠疫情突然暴发，医疗防护用品需求激增，一次性手套龙头企业英科医疗（SZ300677）充分受益，净利润爆发式增长，如图2-12所示。

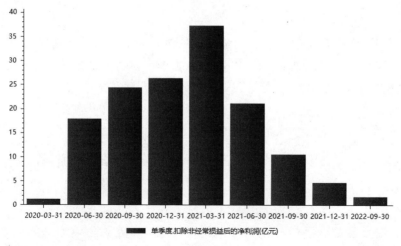

图 2-12

净利润的爆发，带来了股价的大幅上涨，英科医疗自2020年1月至2021年1月25日，股价大涨近20倍，英科医疗"业绩爆发，是一家好公司"的预期被充分反映，市场已对其充分定价，如图2-13所示。

假设我们回到2021年1月份，处在当时的时点，如果看财务报表和销售情况，英科医疗创出了历史最好业绩，在2020年4季度以及2021年1季度，增速分别高达5731%和2881%（当时不断有事件催化），但如果你依据这个数据投资，将是灾难性的，因为自2021年1月25日股价见顶后，便开始了一路下跌，截至2022年5月10日，股价距其高点跌幅达到了85%，如图2-14所示。

图 2-13

图 2-14

在 2021 年 1 月份，英科医疗无疑是我们讲的好公司，具备高速增长的报表，但是在 2021 年 1 月买入英科医疗的股票，显然不是好的投资，因为股价已经上涨近 20 倍，充分反映了英科医疗强劲的增长率，没有了预期差。随着新冠疫情的缓解，以及一次性手套的产能释放，2021 年 1 季度，是英科医疗最高光的时候，也是周期的顶点。资金是很聪明的，在一季报还没有出来的时候，资金已经先行撤退了，股价先于历史最好业绩的财务报表见顶。

类似的例子非常多，我们经常看到一个高景气、高增长的板块或者个股，因为出色的增长数据，股价大幅上涨，然而到了次年，虽然看起来增速依然不错，但股票走势却变得很平庸，就是因为这种"高景气、高成长"已经被市场充分反映甚至过度定价了，没有了预期差。除非接下来继续有超预期的增长数据表现（重新出现预期差），否则，就会引发调整或者大跌。

反之亦然。有些板块或者个股，当前业绩很差，如果股价充分反映了这种差，未来只要是不继续变差，或者开始转好，股价通常就会有非常积极的反馈，虽然基本面看起来并不是十分优秀，但股价却表现不俗，这就是"困境反转"策略和周期股的投资逻辑，彼得·林奇有个著名的观点，周期股要买在高市盈率（最差的时候），卖在低市盈率（最好的时候）。2021 年和 2022 年涨幅最好的煤炭板块，就是最直接的证据，如图 2-15 所示。

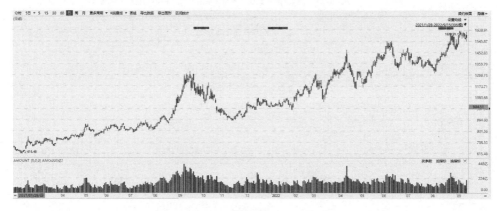

图 2-15

我们可以总结一下：好得不能再好了，即为周期的顶点，因为未来只可能变差，如果股价已经充分反映了这种"好"，没有了预期差，未来股价只能通过下跌来反映"变差"这个变化。反之亦然，差得不能再差了，即为周期的低点，因为未来只可能变好，如果股价已经充分反映了这种"差"，而大众还停留在"差"的认知，就会出现预期差，未来股价只能通过上涨来反映"变好"这个变化。

"好"或者"差"只是静态的，这种静态已经成为历史，或许已经被市场充分定价，而"变好"或者"变差"是动态的，这种动态是预期。从某种意义上讲，我们买的不是股票，而是"变化"。当这种"变化"未被大众充分认知，存在预期差的时候，将出现非常好的投资机会，而当这种"变化"众所周知，被市场充分定价的时候，预期差消失，就不再是好的投资机会了，很容易出现调整或者快速下跌，我们应该选择观望或回避。

这是一个非常重要的思维模式，理解了这一点，你就不难理解，为何好公司并不一定是好投资。就是因为好公司的"好"已经成为历史，我们要买的不是好公司，而是未来能"变好"且未被大众充分认知和市场充分定价的公司。

由此，我们就可以推导出选股的底层逻辑，或者说选股标准：

（1）当前好，未来会更好，对应的是成长股。

（2）当前虽然不好，但是差得不能再差了，未来会变好，对应的是困境反转股、周期股。

上面两条，是可以"变好"的逻辑，而我们要回避的，是"变差"的逻辑：

（1）当前好，但已经好得不能再好了，未来只能变差。

（2）当前不好，且依然没有变好的迹象，未来可能继续更差。

如果我们的选股标准以"变化"为核心，看待市场也是用动态的眼光和思维，就会理解很多以前无法理解的东西。比如前面的问题，为何一些看起来基本面非常好的公司，股价就是不涨？理解了"变化"以及是不是被市场"充分定价"（预期差），就可以理解这个问题，从而避免陷入思维误区。

另外，除了上述的原则之外，实践中还有一个很好的方法，即通过股票走势验证公司是"好"还是"不好"。欧奈尔有句话，再好的公司，如果它股价不涨，那就是不好。换句话说，逻辑只有被市场走势验证才有意义，如果我们总是坚持用走势验证逻辑的原则，就不会逆势交易，不会对抗市场，不会在持仓股一路下跌的时候，还不断地找理由说服自己继续死扛。

2.13 自我归因

2019 年 7 月，小李重仓买入 CXO 龙头企业药明康德（SH603259），一直耐心持有到 2021 年 7 月，两年内药明康德股价大涨 3 倍多，小李获得了丰厚的投资回报。单纯从这两年看，这是一笔非常成功的投资，通过基本面分析，抓住了 CXO 高景气和快速成长的两年，如图 2-16 所示。

图 2-16

这一笔投资大赚，让小李非常自信，他认为这笔投资之所以如此成功，是因为自己具备了非常出色的基本面分析能力及择时能力。

然而，在 2021 年 7 月之后，风云突变，药明康德股价见顶后开始大跌，截至 2022 年 10 月 27 日，跌幅近 60%，导致小李的盈利大幅缩水，如图 2-17 所示。

图 2-17

在盈利大幅缩水后，小李非常后悔，认为本可以拿走三倍多盈利的，但是自己运气不好，赶上了市场调整。

这里分析一下这个案例。

2019 年 7 月至 2021 年 7 月，药明康德股价大涨 3 倍，一是因为药明康德所处的 CXO 行业，恰好是高景气的两年；二是当时的市场风格使中国核心资产备受追捧，同期的贵州茅台、爱尔眼科、海天味业等行业龙头股，也都是大涨 1~3 倍。小李恰好踏准了风口，事实上，在那个阶段，只要是和核心资产沾点边的，股价都大涨。而在 2021 年 7 月之后，不仅仅是药明康德，整个核心资产行业股价涨多了，都开始大幅调整，这个时候，市场风格已经发生了很大变化，随后的大盘指数也是一路震荡下跌的。

小李将市场风格和行业周期带来的上涨，错误地归因于自己出色的选股和择时能力，并不认为是环境造就了自己，陷入了过度自信状态，从而忽视了风险，导致在市场风格和行业景气度转变时，没能及时退出投资，使盈利大幅缩水，而在自己的盈利回吐后，却认为是自己运气不好、市场不好。

什么是自我归因

成，是自己的功劳；败，是市场的原因。小李陷入了典型的"自我归因"心理陷阱。

1958 年，社会心理学家海德，从心理学的角度提出了"归因理论"。他发现，人们在日常生活中寻找事件的原因时，往往有两种方法——外在归因和内在归因。当出现问题或错误时，人们倾向于将原因归结为外在因素；而当获得成功时，却倾向于将原因归结为自己的能力。

简而言之，个人在归因的过程中，倾向于将成功的事情归因于自己的努力，而将失败的事情归因于外部环境。

自我归因是一种难以觉察的心理陷阱，在生活和工作中普遍存在。比如，当一项工作出了问题，我们一般很难去承认自己的错误，而是不知不觉地为自己的错误找借口去辩解，会罗列出诸多外部的影响因素；而当一项工作获得成功的时候，却喜欢将功劳归因于自己身上，认为是自己付出的努力换来的，往往忽略外部环境的作用。

自我归因对交易的两大影响

这种归因模式，是在下意识中完成的，我们每个人身上都有。在生活和工作中或许不会有什么太大的不良后果，然而，当发生在交易者身上时，影响却是巨大的。当一笔交易盈利了，在自我归因的思维陷阱下，交易者往往将其归功于自己的能力；而当一笔交易亏损了，交易者往往归因于运气太差、环境不好、"庄家"太狡猾、听了某人的推荐等。

错误的归因，实质上对交易会产生两个巨大影响：

（1）在盈利时，归因于自己的努力，会导致错误地评估自己的能力，从而陷入过度自信。此时，会忽视环境因素，并对市场的变化、风险的大小出现误判，出现过量交易、莽撞交易、即兴交易、过度持仓、忽视风险等危险交易行为，对交易绩效产生巨大影响。可能很多人会有这种经历，就是在做得不错的时候，账户出现大幅回撤，大部分是因为这个因素导致的。

（2）在亏损时，归因于外部环境，认为亏钱都是市场造成的，推卸责任，从而不能正视自身原因。如果你认为一切都是市场的错，不能正视自身原因，就会不停地在同一个地方跌倒。你想，你都不知道自己有错误，自然就无法改进，无法成长。

上面小李的案例，就是在赚钱的时候，归因于自己的能力，错误地高估了自己水平，使自己无法客观地观察市场形势，并做出正确的判断和操作，从而在市场环境变化时回吐利润。而在盈利大幅回撤后，又没有客观地分析自己的原因，把责任推卸给市场，这就为下次再犯埋下了祸根。

不能正确地归因，就会错误地把运气（外部环境）当作能力。当运气不站在你这边的时候，靠运气赚的钱，会因为自己的真实能力亏回去，小李就是如此。错误的归因短期看限制了小李的评估形势的能力，长期看限制了小李的成长。

很多时候，自我归因是在个人不易觉察的时候发生的，还记得我们前面讲的"达克效应"吗？不知道自己不知道，才是最大的问题所在。

你可以评估一下自己是不是有这种倾向。当你赚钱的时候，是不是认为自己无所不能，有一种可以控制市场的错觉？当你亏钱的时候，是不是认为都是别人或市场因素造成的，甚至认为是自己运气太差？如果有这种倾向，你已经不知不觉地掉入了"自我归因"的陷阱。

避开错误的自我归因的四点经验

那么，如何避免错误的归因对交易的影响呢？有下面四点经验：

（1）首先要认识到"自我归因"是一种思维陷阱，是普遍存在的，我们每个人都有。假设你都不知道"自我归因"陷阱的存在，或者认为自己不可能有这种情况，自然也不会去改变，它影响了你也不知道。所以，"知"是第一位的。

（2）任何一笔交易、一个决策，无论成功还是失败，盈利还是亏损，都从两方面找原因。首先分析外部原因，寻找外部因素的影响；其次分析内部原因，也就是自己的决策。只有外部原因和内部原因同时分析，才能客观认识自己。

（3）谦虚、戒骄戒躁、内心平静。顺境不骄傲、逆境不气馁，要从一个长远的角度审视交易，不要被某一笔或某一个阶段的交易结果影响，要从大处着眼小处着手，既能理解整个交易事业的长期性，又能认真地对待每一笔交易，这样会让自己保持谦虚和平稳的心态，从而避免归因的片面性。

（4）养成做交易记录（日志）的好习惯。可以设计一个表格，在交易之前，记录下交易的原因，包括外部因素和内部因素。外部因素包括市场环境、个股基本面、走势等，内部因素就是自己在买入时的判断和想法。在这一笔交易结束后，无论赚钱还是亏钱，你可以回溯记录，找到当时决策时的内外因素，从而避免了盈利后的盲目自信，以及亏损后的推卸责任。做记录是一个非常好的自我提升手段，尤其是对一个新手来说。表 2-1 可以作为参考。

表 2-1　买卖分析

买入时间	买入原因			事后回溯			其他
	个股名称	外部因素	内部因素	成功/失败	原因分析	改进措施	

小结

思维偏见和误区	概念描述	解决方案
达克效应	认知的四个层次：不知道自己不知道；知道自己不知道；知道自己知道；不知道自己知道	交易是认知变现的过程，只有保持开放心态，才能看到其他的可能性；只有明白自己的局限性，才能不轻易否定一件自己认知能力之外的事情。应通过不断地实践和学习，提高自己的认知，当认知水平达到一定的层次，钱就是认知的副产品
思维定式	心理上的"定向趋势"，由先前的活动而造成的对活动的特殊的心理准备状态，或活动的倾向性，会对以后的感知、记忆、思维、情感等心理活动和行为活动产生影响。在环境不变的条件下，思维定式会让人能够应用已掌握的方法迅速解决相应的问题。而在情境发生变化时，它则会妨碍人采用新的方法。 交易中，思维定式会导致我们严重地背离事实、忽略了事实、扭曲了事实，从而忽视风险，错失机会	（1）永远保持开放心态。思维定式是束缚创造性思维的枷锁，而开放的心态，是接纳外在事物的基础，也是接纳变化的基础，一个人只有心态开放，才不会被自己的想法蒙蔽。 （2）客观反映事实。无论什么时候，都要客观反映当下事实，不要试图用自己的想法代替事实。 （3）保持逆向思考的习惯。当一件事物正在发展时，我们要反向思考一下可能性，因为物极必反是规律，几乎所有事物都有周期性，经常保持逆向思考方式，就会避免危险来临时的措手不及和浑然不觉。 （4）保持求知欲，学无止境。世界是动态发展的，不是静止不动的，无论当前懂得有多少，都是有一定局限性的。要承认自己认知的局限性，保持持续学习，跟上事物的发展

思维偏见和误区	概念描述	解决方案
线性思维	由 A 直接推导出 B，而没有考虑更多的影响因素，这种直线的、单向的、一维的、缺乏变化的思维方式，叫作线性思维。线性思维认为事物之间只存在简单唯一的因果关系，而无法认识到事物之间更多方向、更复杂、更曲折的因果关系。 线性思维对交易影响是巨大的，因为在面对问题时，人性中走捷径的特点，会导致线性思维第一个站出来去思考和解决问题，把我们带入单一的判断，比如看见利好就认为会上涨，从而追涨	（1）事实检验。实践是检验真理的唯一方法。一个逻辑再强劲，想法再好，也要看能否得到事实验证，如果能，说明逻辑或想法是成立的，否则就是自己的一厢情愿。 （2）反向检验。当利好消息出现时，股价理论上涨，但涨了吗？如果没涨，那就说明里面存在问题。反之亦然。该涨不涨就是弱，该跌不跌就是强，该干什么时没有干什么，就要从反方向思考
证实性偏见	当人确立了某一个信念或观念时，先入为主，在收集信息和分析信息的过程中，产生的一种寻找支持这个信念的证据的倾向。也就是说他会很容易接受支持这个信念的信息，而忽略否定这个信念的信息。 交易中，证实性偏见会导致我们不能客观地接受当下正在发生的事实，而是找有利于持仓的证据，去证明自己是对的，否认或无视不利的证据，很多长期深套都是证实性偏见导致的	（1）承认证实性偏见的存在。也就是说，在我们的认知里，要理解这种偏见是普遍存在的，承认自己会受它的影响。 （2）站在一个更高的角度审视自己。即我们要强制自己跳出自我，用旁观者的眼光去看"我"，通过回溯，分析自己失败的交易案例。很多时候，我们身处其中难以看清，只有跳出自我，才能看到这些问题
后视偏差	当我们得知结果后，从结果给出的线索去寻找论据，通过结果导向，给予支持当时观点的论据更多的决策权重，不知不觉地忽略掉相排斥的论据，从而证明当时的判断是正确的。 后视偏差在交易中导致的一个典型问题是：我早该如何去做。如果市场走得很好，我早该买入或重仓；如果市场走得很差，我早该减仓或离场	（1）活在当下，只有当下发生的才是有意义的。不为历史发生的事情后悔，更不要为尚未发生的事情担忧，只有当下的事实，才是决策的依据。 （2）形成自己的投资体系，完全按体系操作，买点来了就买入，卖点（包括止损和止盈）来了就卖出。 （3）不要为下跌或上涨找逻辑、找借口。市场永远是对的，存在即合理。

思维偏见和误区	概念描述	解决方案
		（4）养成记录的好习惯。记录下自己决策时的想法，事后回溯分析交易时，知道当时是怎么想的
锚定效应和自我实现	人们在做出判断时易受第一印象或第一信息（即初始锚）的支配，以初始锚为参照点进行调整，但由于调整不充分而使得最后判断偏向该锚的一种判断偏差现象。简单来说，锚定效应就是一种认知偏见，人们在做决策时会过分依赖之前轻易获得的信息	很多好的交易机会，都产生在这些锚定价附近，如一些关键点、买卖点，都在此处形成。要学会利用锚定效应寻找关键点，而不是被锚定效应利用。只在关键点附近交易
瓦伦达效应	当你特别想得到某种东西或特别想做好某件事时，即特别在意结果时，往往会因为太专注于目标和结果，反而得不到、做不好。也就是说，当你特别专注于目标和结果时，往往无法聚焦于过程，你想实现目标，却距离目标越来越远。 在交易中太在意结果（盈亏），从而像是瓦伦达一样无法聚焦在交易上，导致情绪化。	（1）不过度关注盈利目标，甚至不设盈利目标，而是专注于每一笔交易； （2）一笔交易一旦买入，要忘记成本，不要打开账户查看盈亏，而是关注这笔交易的止损点和止盈点，一旦触发，就立即执行； （3）始终切记，交易的目标不是盈利，而是执行计划和规则，当你专注执行交易计划和规则时，自然就盈利了
有限注意力效应	人们在处理信息或执行多任务时的能力是有限的，因此注意力就变成了认知过程中的一种稀缺资源。 "有限注意力"效应会促使交易者关注涨幅最大的、成交量最多的，或者一些突发的重大概念等，即聚焦在少数表现优秀的领涨个股和板块上，然后和自己持有的个股对比，产生心理落差，导致追涨杀跌	（1）建立自己的交易体系，体系的作用就是从无序的市场中筛选出自己理解的、符合认知的机会，并且只做体系内的机会，放弃不属于自己的机会。 （2）严格执行交易体系，即"等待买入信号→进场→等待卖出信号→出场"，再"等待买入信号→进场→等待卖出信号→出场"，不断重复
沉没成本效应	"沉没成本"指过往已经发生的、不可回收的历史成本。"沉没成本"与当前决策无关，当前决策应当考虑某件事未来可能发生的成本和未来所获得的收益，而不应该考虑过往已经发生的无法收回的成本。	如果有一只个股在买入后走势不佳，更应该立足于交易本身，看它是不是仍旧符合持有的条件，符合条件就继续持有，否则就及时止损，换到新的交易机会里面。忘掉沉没成本，是一个交易者成长的必经之路

思维偏见和误区	概念描述	解决方案
	在交易中，"沉没成本"效应会导致过于关注"浮亏"，等"回本"越陷越深	
随机收益效应	对交易者来说，"随机收益"本质上不能算是真正的收益，反而可能是一个陷阱。因为这不是靠规则赚到的钱，有很大的运气成分，这种收益和交易行为是无法复制的。只是这次运气好把飞镖扔对了，而下次呢？就有可能扔到下跌的股票，导致亏损	建立自己的交易体系然后坚定不移地执行。交易体系能让你杜绝情绪的干扰，让你的行为具有一致性，从而避免了随机收益带来的影响
近因效应	所谓"近因"，就是指人们最近获得的事物信息。"近因效应"，就是指最近获得的事物信息对个体的影响作用比以往获得的信息作用要大。近因效应强调的是人们对事物的印象主要由新近接触的事物决定，它取决于时间的先后性，我们在做决策的时候，最近发生的事情会影响我们的判断力。 在交易中，近因效应会导致受最近发生的因素影响，从而不能客观地看待交易	（1）思维层面及时清零。不将上一笔交易的情绪带入下一笔，无论是盈利的喜悦还是亏损的沮丧，在开始新一笔交易之前，都要丢弃掉。思维层面，要笔笔清零，日日清零，让自己总是从零开始，不要有任何负担。 （2）独立地看待每一笔交易。当前这一笔交易，和上一笔没有任何关系，和你近期的连续赢或者连续输也没有任何关系，当前的交易是独立的。 （3）系统性地看待交易体系。除了要独立地看待每一笔交易之外，还要系统性地、全面地看待交易体系。虽然每一笔交易是独立的，它们之间没有必然的联系，但你的交易体系是系统性的，是经过你长期打磨验证的，具备概率优势的
好公司和好投资的混淆思维	所谓好公司，普遍的定义，就是各方面都比较优秀，比如收入规模较大、有稳定的或者快速的销售额增长、优秀的管理团队、良好的企业治理、健康的财务指标、强大的竞争力等。 所谓好的投资，一言蔽之，就是能让你赚钱的投资	好公司并不一定就是好投资。就是因为好公司的"好"已经成为历史，我们要买的不是好公司，而是未来能"变好"且未被大众充分认知和市场充分定价的公司。由此，我们就可以推导出选股的底层逻辑： （1）当前好，未来会更好，对应的就是成长股。

思维偏见和误区	概念描述	解决方案
		（2）当前虽然不好，但未来会变好，对应的是困境反转股、周期股
自我归因	人们在日常生活中寻找事件的原因时，往往有两种方法——外在归因和内在归因。当出现问题或错误时，人们倾向于将原因归结为外在因素，而当获得成功时，却倾向于将原因归结为自己的能力。简而言之，个人在归因的过程中，倾向于将成功的事情归因于自己的努力，而将失败的事情归因于外部环境。 错误的归因会导致在交易中无法客观地分析市场和交易，在盈利时，归因于自己的努力，会导致错误地评估自己的能力，从而陷入过度自信。在亏损的时候，归因于外部环境，认为亏钱都是市场造成的，推卸责任，从而不能认识到自身原因	（1）要认识到"自我归因"是一种思维陷阱，是普遍存在的。 （2）任何一笔交易、一个决策，无论成功还是失败，盈利还是亏损，都从两方面找原因。首先分析外部原因，寻找外部因素的影响；其次分析内部原因，也就是自己的决策。只有外部原因和内部原因同时分析，才能让自己客观。 （3）谦虚、戒骄戒躁、内心平静。顺境不骄傲、逆境不气馁，要从一个长远的角度审视交易，不要被某一笔或者一个阶段的交易结果影响。 （4）养成做交易记录（日志）的好习惯。在交易前，记录下交易的原因，包括外部因素和内部因素。外部因素包括市场环境、个股基本面、走势等，内部因素就是自己在买入时的判断和想法。在这一笔交易结束后，回溯记录，找到当时决策时的内外因素，从而避免了盈利后的盲目自信，和亏损后的推卸责任

第 **3** 章

交易赢家的思维模式

　　卓越投资需要第二层次思维——一种不同于常人的更复杂、更具洞察力的思维模式。

　　第一层次思维说：公司会出现增长低迷、通货膨胀加重的前景，让我们抛掉股票吧。第二层次思维说：公司前景糟糕透顶，但是由于所有人都在恐慌中抛售股票，因此我们应该买进。

　　第一层次思维说：这家公司的利润会下跌，卖出。第二层次思维说：这家公司的利润下跌得会比人们预期的少，会有意想不到的惊喜而拉升股价，买进。

　　第一层次思维说：这是一家好公司，让我们买进股票吧。第二层次思维说：这是一家好公司，但是人人都认为它是一家好公司，因此股票的估价和定价都可能过高，让我们卖出股票吧。

　　第一层次思维单纯而肤浅，几乎人人都能做到。第二层次思维深邃、复杂而迂回。

——霍华德·马克斯

3.1 空杯思维

《亚当理论》一书中记载了一则故事。

精确先生, 今年 32 岁, 他以能提前并十分准确地预测证券市场的走势而驰名于外, 是小岛的证券波浪预测理论专家。在 4 年之前, 他辞去了小岛某金融投资机构的高级职务, 自己独自创立了一家投资管理公司。他所管理的证券投资基金, 在 4 年之内所获得的盈利超过了其总资金量的 10 倍, 成绩斐然, 令众人刮目相看。

1998 年 5 月 18 日, 精确先生根据其所专长的证券波浪预测理论, 测算到小岛指数将可以在短时间内迅速上涨到 1900 点, 于是就在 1500 点左右大量购入了小岛股票指数上涨合约 10 000 张。

5 月 20 日, 小岛股票指数下跌了 5.83 点。

5 月 21 日, 小岛股票指数继续下跌了 6.54 点。

5 月 22 日, 小岛股票指数继续下跌了 12.49 点。

5 月 23 日, 小岛股票指数继续下跌, 当日下午 3 时 25 分, 小岛股票指数已经下跌了约 13.56 点, 此时跌破了 1460 点。

精确先生开始感觉到有些不妙了, 他此时此刻的心情已变得十分紧张, 并且开始有一种看错市势的挫败之感。尽管已经快要到收市时间了, 精确先生仍然呆呆地坐在自己的办公室内, 面对着电脑荧幕所显示的股票形态走势, 他有些不知所措了。

到了下午 3 时 26 分, 精确先生年方 5 岁的独生女儿——精灵小姐, 从外面推门而入, 她刚一进门便大声地嚷着: "爸爸, 你答应今日带我坐船出海去环游小岛的, 我早就准备好了, 你还在这里干什么……"

精确先生毫无反应, 仍然全神贯注地注视着电脑荧幕上所显示的图形形态, 脸上的表情显得十分凝重。于是, 精灵小姐就轻轻地走到精确先生的身旁, 抬头朝着电脑荧幕看去。

"爸爸, 你感到有什么不舒服吗?"

"噢! 没什么问题, 这些'东西'你是不会懂的。目前证券市场的市势本来应该向上升的, 但是, 小岛股票指数却偏偏就是不上涨, 反而一直向下走，真是令人难以理解。"

"爸爸，电脑荧幕上的那一条直线，所代表的就是证券市场的市势吗？"

"对。"

"爸爸，我不知道什么东西叫作证券市场的市势。但是，这一条直线分明还要继续向下走下去，是不是这样的？"

"灵灵，你是不会明白的。不论是根据证券市场的波浪理论，或者是证券市场的红光测市系统，小岛股票指数本来都是应该向上加速冲刺，试一试1900点的高位阻力的。但是已经过去4天了，小岛股票指数却反而接连下跌了4天。"

"我知道，也许你是对的。但是，这条直线似乎仍然还要继续再向下走。"

"灵灵，你不懂的，证券市场的神奇指标上说小岛股票指数应该向上迅速涨升的，所有其他的证券测市系统的意见也都是一致的，小岛股票指数实在是没有向下跌落的理由，更不应该像目前这样连续下跌。"

精灵小姐感到有些迷糊了，但是，她仍然聚精会神地望着电脑荧幕。

"爸爸，你所说的什么测市系统、神奇指标，我完全都不懂。什么叫作证券市场的市势，我也不明白。但是，现在这个时候的那条直线，真的是一直指向下面的，那就表示它日后还会继续向下跌，是不是？"

精确先生望了望小女儿，再回头望了望电脑荧幕，思索了一下后，便拿起电话，吩咐场内的市场经纪沽出小岛股票指数合约18 000张，由多仓迅速地转变成为沽仓。

5月24日，小岛股票指数再度下跌了46.27点。

5月26日，小岛股票指数再度下跌了38.19点。精确先生迅速反败为胜了。

从此以后，精确先生对证券市场的态度发生了巨大的改变。他不再去研究什么证券市场的波浪理论、什么红光证券测市系统或者什么评判市场的神奇指标，而是凭借自己对市场未来发展方向的深刻了解，从而做出相应的对策，投资的成绩也较往昔飞速进展，生活变得更加惬意起来。

这一则故事说明了什么？精确先生通过自己的指标，先入为主地确定了"市场必定要上涨"的立场，带着这个立场看市场，当市场走势和自己预期不一致时，内心充满了抵抗，导致怎么做都不对。我们很多时候，对于事实视而不见，不就是因为自己预设了立场吗？

而他五岁的女儿，却用纯真的全然开放的心态看市场，她不懂什么指标，看见的就是"当下"——股价正在下跌的事实。这就是"空杯心态"。

空杯心态，或者说空杯思维，是交易中第一重要的心态和思维模式。

"空杯"，是认识市场的第一个门槛，也是最重要的一个门槛。很多人在市场中一辈子也无法走进稳定盈利的大门，就是在进入市场的第一个门槛就错了。思维模式一旦错了，越努力，反而偏离正确方向越远。正确的思维模式，远比方法重要很多。

那么，何为空杯心态呢？

从字面意思理解，"空杯"就是一个没有装任何东西的杯子。一个没有装任何东西的杯子，就意味着可以装任何东西，即可以虚怀以待地去接受。饮后的杯子，仍然是"空"的，这时的空是完成形态，去等待下一次的充盈。"空"并非真正的空，而是客观地接受当下。

单一个"空"字，就是交易哲学和人生哲学的精华所在。

在交易中，当我们用"空杯心态"面对市场时，我们的心就是一个空的杯子，可以接受任何东西。如果市场给我们倒水，心中就是水；市场给我们倒酒，心中就是酒，而不是我们心中装着水去看市场，然后看到的都是水。

换句话说，当你有了"空杯心态"后，可以接受市场的各种可能性。你不再固执己见地认为，你持有的股票价格"一定"会涨，你也不会为个股预设上涨目标，你不再先入为主，你接受的，都是市场上的客观变化。脱离市场单纯地讲"空杯"，可能比较抽象，如果没有几年的交易经验，可能很难理解这个思维模式。

在市场中，一切信息都会体现在走势上，K线是一切信息的出口和最终表现形式。也就是说，无论利好还是利空，都会反映在当下的走势中。如果交易者能时刻保持"空杯心态"，就可以客观地接受"当下走势"的事实并进行快速反应。

大家可能有过类似的体验，同样的一个利好消息，对个股来说，有时候是利好，可以刺激股价大幅上涨；而有时恰恰相反，被市场解读为利空，即"利好出尽是利空"，然后股价大跌。当你有了"空杯心态"后，所有的信息

（无论利好还是利空）本身都不重要，重要的是市场对其的反应。利好还是利空，统统都会反映在走势中，我们不必关注信息本身，而是让市场告诉自己答案，这样就能脱离主观偏见，转为以客观的市场反应（事实）为依据做交易。这就是交易世界里面非常经典的一个理论：K线融合一切信息。

"空杯心态"就是不预设立场，但市场上，很多交易者却不知不觉地"立场先行"。比如很多人看信息、看研报，是为了佐证"自己的观点是正确的"。当他们持有或看好一只个股时，会到处搜寻一些利好信息，用来证明自己的观点是对的（还记得我们上一章讲的"证实性偏见"吗），然后不断自我强化，而对于一些不好的消息，则选择漠视。

其实，在看研报之前，他们心中已有了立场，即是"满杯"的，不是"空杯"的。这样很容易吃大亏，尤其是在个股下降趋势中，拼命地找利好来说服自己，而不尊重事实（下降趋势），会让人越陷越深，这是一个心理陷阱。

如果你有了"空杯心态"，对于信息的处理，就会有"全然开放"的心态，无论好坏都会接受，然后通过自己的分析得出中立和客观的结论，而不是因为有了立场（有了仓位），就只看到符合立场的信息。但做到这一点非常难，大部分人会陷入心理陷阱。

我们应时刻用"空杯心态"处理信息，将信息（逻辑）和走势结合起来。只要走势没有正反馈，再好的信息和逻辑（这是你内心的想法）都不要相信。如果个股真的好，它的走势会通过趋势去证明。

"空杯心态"也是一种清零和安于等待的心态。饮用完毕后的杯子，被清空了，重新进入虚杯以待的状态。一笔交易做完了，无论盈亏，这笔交易都结束了，要及时清零，开始一笔新的交易。上一笔交易的情绪（赢了兴奋，亏了沮丧）如果不能及时归零，会对下一笔交易产生影响。赢了的兴奋会导致鲁莽交易，亏了的沮丧会导致翻盘报复心理，这都会对新的交易产生影响。

"空杯心态"还是一种"活在当下"的心态。我们做不好交易，往往是因为想法太多，比如，总是忧虑未来，总是担心股价明天下跌怎么办。无论是被过去影响，还是担心未来，都是恐惧心理的一种表现。带着恐惧做交易，看到的都是让人恐惧的信息，就会变得前怕狼后怕虎，有了机会也不敢把握，或稍微有一点风吹草动就会让自己丢掉筹码。

这都是没有"尊重当下"的表现，你活在过去和未来中，活在自己虚构的幻想中。过去的交易已经结束，无论是好是坏，都和下一笔交易没有任何关系，你要做的，是清空杯子，放空思维，重新再来。同理，未来的事情还没有发生，与其担心未来，不如做好现在。

如果你建立了"空杯心态"，就能轻松地接受并尊重当下，把交易建立在当下发生的事实上，对市场出现的信号快速反应，无论买卖，都能冷静处置，不会有任何心理抵抗。这种轻松、客观、立即反应的状态，才是做好交易的最佳状态，而这些，都是建立在"空杯心态"之上的。

为了便于大家理解"空杯心态"，我举个生活中的例子。

昨天艳阳高照，你自然不必打伞，结果今天下雨了，你的思维不能停留在昨天，你应该做的就是，撑开雨伞或穿上雨衣，或者找地方躲雨。如果你的思维还停留在昨天的艳阳高照，就会被淋成落汤鸡。你没有尊重今天下雨这个和昨天艳阳高照不同的"最新事实"。

同样，今天雨正在下的时候，突然停了，你自然要尊重"雨停了"这个事实，把雨伞或者雨衣收起来，该干什么就干什么，如果不下雨了你还穿着雨衣在大街上走来走去，别人都会认为你是个神经病。

这是很简单的逻辑，很多人在生活中都十分清醒，然而到了市场中，就迷惑了。明明市场今天的走势已经变了，很多人的思维还是停留在昨天，还是用昨天的逻辑和观点，验证今天的走势，不知不觉中，做了市场的"落汤鸡"。

这就是"空杯心态"的核心原理：市场是不断变化的，我们一定要用动态的思维接受变化，要客观看待市场最新的"事实"，及时应对。换句话说，在交易中，因为"市场没有确定性"这个事实，我们要避免使用"一定会""必将""绝对"等词汇去做判断，而改为用"如果怎样，就怎样应对"的思维模式，这才是空杯心态的体现。

这当然不是说，建立了"空杯心态"，就不应该有自己的判断。有自己的分析和判断很正常，也很必要，关键的问题是，当观点和市场冲突时，我们要毫不犹豫地放弃自己的观点，尊重市场。

在这种思维模式下，你会发现自己不会因为偏见错过每一段大幅上涨的行情，账户也不会出现某只个股的巨大回撤（突发的系统性风险除外）。由于为随时跟随盘面变化，在风险刚开始出现的时候，你就及时应对了。有利于交易的思维模式，就是不先入为主，没有自己的预测，做到无我，做到及时跟随和快速反应。对交易来讲，"空杯心态"才是正确的思维模式。

"空杯心态"不仅仅是一种交易思维，更是一种人生态度。《道德经》第四章开篇第一句是："道冲，而用之或不盈。"道是什么？道就是规律。万物规律，就在"杯"中。当我们放空内心去看待世界的时候，就意味着拥有了一种更宽广的胸怀，面对纷繁多变的外在事物，会多一分"宠辱不惊，闲看庭前花开花谢"的从容，更有"蓬舟吹取三山去"的旷达。

人生的幸福与否，甚至能否成功，其实都源自心态。一个容易满足和活在当下的心态，更能让自己快乐。而那种对过往念念不忘、对未来忧心忡忡，忙于攀比、悔恨的人，会被吞噬掉快乐和成长的力量。

所以，当下才是最重要的时刻，你当下拥有的、遇到的，就是最好的安排。建立"空杯心态"，专注当下，不仅仅是人生的大智慧，也是一个交易者成功的根本。

3.2　辩证思维

前面讲解了人的思维定式和线性思维，这两种思维模式都会对交易产生不利的影响，而与此对应的对交易有利的思维，是辩证思维。

辩证思维是反映和符合客观事物辩证发展过程及其规律的一种思维模式，辩证思维的特点是从对象的内在矛盾的运动变化，以及各方面的相互联系中进行考察，以便从整体上、本质上完整地认识对象。辩证思维既不同于那种将对象看作静止的、孤立的形而上学思维，也不同于那种把思维形式看作既成的、确定的形式逻辑思维。辩证思维以事物之间的客观联系为基础，以动态发展的眼光来看问题。

简单来说，用辩证思维看待问题，不是"非此即彼""非真即假""非对即错"或"非黑即白"的，而是事物可以在同一时间里"亦此亦彼""亦真亦假""亦对亦错""亦黑亦白"。

这是一种非常适合交易的思维模式，因为交易里没有确定性可言，根本就不是"非黑即白"的。单纯从概念上，可能并不容易理解，下面还是回归到交易中，从实际问题出发去理解辩证思维。

问题一：止损，到底是错的还是对的

我们都知道止损非常重要，很多知名交易大师将"止损"作为交易的第一原则，如欧奈尔、利弗莫尔等。如果孤立地看待这个问题，并非所有的止损都是"对"的。我们止损的目的是控制损失，但确实有很多时候，止损后股价又涨了起来，止损反而导致了实际亏损，如果不止损就不会亏钱。

于是，经历过几次止损又涨起来后，很多交易者就会得出结论——止损不对，还不如死扛，毕竟可能还会涨回来，这种想法使他们无法果断执行止损操作。事实上，市场用这种方式诱惑你，让你不去止损，终有一天，你会因为死扛而导致大幅亏损，这就是将"止损"看成一个孤立的事件导致的结果。

如果用辩证思维来看，有时确实是止损导致卖在了最低点，但更多的时候，是因为及时止损才避免了大亏损。一只股票，如果在亏损 10%时退出交易，未来你赢回来非常容易，但如果不止损，遭遇了 50%的大亏损，再想翻身就太困难了，因为这需要 100%的涨幅才能回本。

从系统的角度辩证地看，交易盈利的核心之一，就是及时止损。你会发现，止损虽然有时候会"错"，但可以防止大幅亏损，没有大幅亏损，交易者就很容易积累复利。很多人想不明白这个问题，止损的时候心存侥幸，本质上是缺乏用辩证思维看待问题的能力。

问题二：让利润奔跑，到底是错的还是对的

做到能内心毫无抵抗地"及时止损"，是交易成功的第一步，然后进入第二步的"持盈"，即"止损持盈"。这样，就掌握了盈利法则，也就是盈利的核心原理——截断亏损，让利润奔跑。

但很多时候，当我们想让利润奔跑时，会发现账户余额经常出现过山车的现象。如赚了 20%时没有卖出，结果又回到了原点。本来想让利润奔跑，结果账面由盈利变成了亏损。于是，很多人就得出结论，让利润奔跑是错误的，应该有一点盈利就及时卖出。

如果用辩证思维去思考，就需要考虑更多的因素：在强势市场中，让利

润奔跑，是赚大钱的最佳法则；但在弱势市场中，再让利润奔跑，就成了伪命题，因为市场弱势，趋势很难有持续性。

那么，让利润奔跑，到底是错的还是对的？这没有唯一的正确答案，交易者应该结合市场背景，在强势市场中，让利润奔跑；在弱势市场中，则要收紧止盈。

问题三："加速无买点"，到底是错的还是对的

"加速无买点"这五个字，是我琢磨出来的。根据量价原理，加速上涨快速消耗了市场需求，处于场外有买入意愿的交易者就变少了。同时，获利盘的增加，让兑现意愿的交易者更多了。此时，供需格局的天平开始倾斜，下跌的概率变大了。换句话说，该买的都买了，潜在的卖盘大于买盘，这些买盘随时会变成卖盘，股价开始变得不稳定起来。

另外，个股走势出现明显加速后，往往出现短期高点，这时再买入，赚钱的难度很大，对交易者不利。所以，如果能做到在加速后不盲目入场，就会减少亏损，提高胜率。

从图 3-1 中可以看出，很多个股见顶之前都经历过明显的加速阶段。

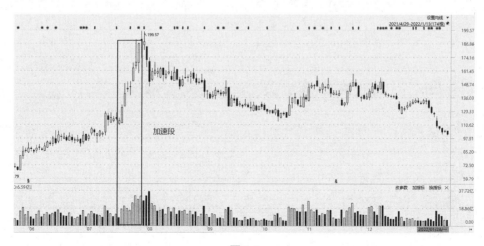

图 3-1

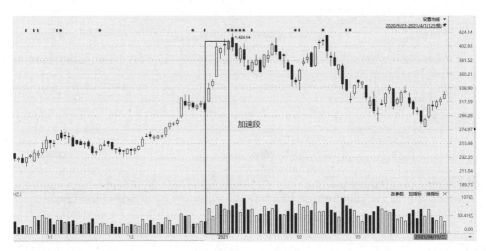

图 3-1（续）

但是，"加速无买点"一定是对的吗？

很显然，不是。很多个股会在加速后继续上涨，如果你孤立地拿这些加速后继续上涨的个例看待，就无法接受"加速无买点"的说法，因为这些案例可以证明"加速无买点"的说法是错误的。

如果我们辩证地看，"加速无买点"有对有错，但从概率的角度来讲，个股加速后调整的概率更大，在加速后追涨，更可能的结果是大亏损，因为加速后很容易急跌。用辩证思维去看待这个问题，你就不会纠结于少数加速后继续上涨的个股，而是能坦然接受错过或卖飞。

问题四：符合买点形态，股价一定会上涨吗

在交易中，成熟的交易者会等待正确的买点入场。买点有很多种，但底层逻辑是一样的——在某个位置买入，未来（根据交易周期，或长线或短线）有没有机会能以更高的价格卖出去？如果有，那么这就是一个正确的买点。

很多人在正确的买点入场，最后发现与市场走势相悖，即这一次失败了，于是开始怀疑自己，明明是在正确的买点入场，为什么还亏损呢？

如果用辩证思维思考，就会发现买点的出现，只说明入场有概率优势，并不是百分之百准确的，而且市场是动态发展的，很可能在买点出现后发生

了一些新的事件，改变了之前的条件，这样之前的逻辑可能就不成立了。这时，就要及时退出交易，因为市场已经证明你是错的，如果你还坚持之前的正确的买点就能盈利的观点，就很容易出现死扛的结果。

所以，在辩证思维下，"符合买点形态"和"一定会上涨"没有任何必然关系。

问题五：亏钱的交易，一定是错误的交易吗

很多交易者会用盈利或亏损来衡量交易是否正确。那么，赚钱的交易，一定是正确的交易吗？亏钱的交易，一定是错误的交易吗？

有时随便买一只股，也能赚钱；有时严格遵循买卖点和交易体系，反而会亏钱（比如止损，就是遵守纪律的亏钱交易）。这是交易里最容易让人迷惑的地方，也是很多交易者心里过不去的坎，往往会给交易者一种错觉，有没有原则结果都一样，索性不坚持了。这是典型的以结果为导向的思维模式，用结果倒推过程。

所有的策略，在每次下单后，都会面对两个结果之一，即盈利或亏损。因为交易本身是概率游戏，不是赚，就是亏。只是说，交易者按照体系交易，长期来看，是具备概率优势的。所以，如果坚持按体系交易，长期成功的概率更大。但回归到每一笔交易，孤立地看，每一笔交易的概率又是不确定的，这需要用辩证思维去理解。

要让自己做正确的交易，但正确的交易并不代表一定盈利，反之亦然。所谓正确的交易，就是按体系做的、知行合一的交易，这是长期成功的核心。如果总是纵容自己做错误的交易，也许这一笔或某几笔你盈利了，但长期看，必定是失败的。

以上五个问题很有代表性，但仍只是交易中的冰山一角，我们在交易中会遇到非常多的类似问题。如果拿出其中一部分孤立地看待，就会得到非此即彼的答案。唯有用辩证思维去思考，才能真正理解它们。而在真正理解之前（认知未达到），交易者是很难达到稳定盈利状态的。

在交易里，很难给其他人讲清道理的一个原因，就是无论你用什么方法和策略，都可以找到正反方面的案例来证实或反驳。不具备辩证思维能力的

人,因为一直在使用所见即所得的结果偏好的思维模式,所以很难深度思考和理解背后的逻辑。而具备辩证思维能力的人,很多问题不必过多解释,也能理解。

提高辩证思维能力,需要有开放的心态和足够的经历,在经历中接受、感悟。任何人都无法代替你思考,就像某影视剧中讲的:"只要不是我悟到的,你给不了我,给了我也拿不住。拿不住又何必去拿?只有我自己悟到的,我才有可能做到,我能做到的才是我的。"

通过辩证思维看待交易,就会发现,从来没有稳赚不赔的交易策略,也从来没有所谓"确定性"的盈利机会。很多问题单纯从表面上很难找到答案,或者说没有唯一的正确答案,这些问题要想搞明白,需要上升到哲学层面解决。很多人认为交易是求财的过程,其实不然,交易本质是求道的过程,求财只是表象,求道才是根本,悟到了,财自然会来。

3.3 概率思维

交易里的概率思维,就是要理解和接受:每一笔交易,有可能成功,也有可能失败,既可能带来盈利,也可能带来亏损。

就像《交易心理分析》一书中所讲,优秀的交易者根据概率方式,把交易定义为概率游戏。他们对任何交易结果的情感反应是一致的,即无论盈亏,都是一笔平常的交易。在这种心态下,会坦然接受"市场中存在所有可能性"的事实。

交易者可以从两个角度去理解概率思维。

交易中没有确定性

市场上股价最终的走势,是多种变量综合的反映,少一个或多一个因素,都可能出现不同的结果。索罗斯曾经讲过:"投资者根据掌握的资讯和对市场的了解,来预期市场走势并据此付诸行动,而其行动事实上也反过来影响、改变了市场原来可能出现的走势，二者不断地相互影响。"也就是说，市场是不断动态变化的，每个即时信息和走势，都会影响投资者的行为，而每个行为，又反过来影响走势。所以，在变化的过程中追求绝对的确定性，本身就是一种悖论。

从某种意义上讲，任何投资行为及与之相关的体系，都在追求大概率的结果。如基本面投资，通过分析企业盈利能力、管理水平、竞争优势等，在一个较长时间的框架下追求大概率。注意，这里说的是追求大概率，而不是追求确定性，因为即便是非常优秀的企业，也会遭受市场衰退、经济周期、竞争格局变化乃至财务造假等影响，即使没有这些利空消息的影响，也可能受黑天鹅的影响。只是可能在你分析时，各项指标都对你有利，提高了股价长期向上的概率。同样，技术分析以及趋势投资等，也是在特定的时间框架下，追求大概率，比如在成交量放大、股价突破某条均线时，向上的概率较大，但这仍旧不是追求确定性。

综上所述，从概率角度来看，无论基本面投资、技术分析、量化投资等，还是其他任何投资派别，本质上都没有区别，都是在用自己的一套方法和规则，去追求大概率。

因为所有交易的结果都不确定，所以孤立地看待每一笔交易，都像"赌博"，即使交易者可能利用同一套已知的变量看出自己在每笔交易中的优势，在统计上，它与上一笔交易、下一笔交易或未来的任何交易也都没有关系。

如果交易者没有建立概率思维，会是什么样子呢？举个例子来说明。

从长期价值投资的角度，有的个股（背后代表的是企业）能走出来，其市值从小变大，甚至成为行业巨擘（比如贵州茅台），但更多的个股走不出来，最终黯然退场（比如乐视网）。从短期技术角度来看，成功突破的个股，你能找到无数个成功的案例，同样，也可以找到无数个突破失败的案例。抄底（底部反转）时也是如此，抄底失败和抄底成功的案例都能找到无数个。对于一个没有概率思维的交易者，你说有的个股股价会成长数倍，他用退市的案例反驳；你说买突破的个股，他用突破失败的案例反驳；你说抄底不好，他同样用抄底成功的案例否定。总之，无论哪种，他都能找到无数个相反的案例来反驳。

这是交易中最容易让人迷惑的地方，也是很多交易者过不去的心理门槛，会让人有一种错觉，有没有原则和标准结果都一样。

只有建立了概率思维，你才会内心毫无波澜地接受"市场中没有确定性"这个事实。只有你具备了"市场中没有确定性"这个认知，在面对突发事件时或者走势不及预期时，才更容易从中脱身，截断亏损。那些动辄讲"确定会上涨""股价确定会涨到多少元"的人，都是思维模式有缺陷的，也是没有理解市场本质的人，终有一天他会因为这个认知缺陷而吃大亏。

交易不需要每一笔都做对

无论交易者采用什么策略，在每次下单后都会出现对或错的结果。我们无法控制交易结果，就是说，在下单时，交易者并不知道这笔交易会赚钱还是亏钱。那么，不知道这笔交易的盈亏，怎么赚钱呢？

虽然无法知道这笔交易下单后是盈利还是亏损，但交易者可以控制亏损，即可以决定这笔交易愿意付出多少成本。换句话说，就是在做错时及时止损，将损失控制在最小，这可以看作是试错成本，也是在交易里面唯一可以控制的。而在对的时候，我们就搭上趋势的快车，或踏准一个波段的起点，让利润最大化，即"截断亏损，让利润奔跑"，这便是交易的本质。

如果我们能做到小亏大赚，那么即便只有50%的胜率，长期下来，依然能取得不菲的收益，这也是大部分成功交易者的路径。

著名的交易大师塞柯塔曾经在做一笔交易时连续亏损5次，都被迫按体系小亏止损退出了，直到后面终于抓到了一笔可观的趋势实现大幅盈利。塞柯塔在总结时提到，正是这笔交易，让他跨入了伟大交易员的行列。这也是"概率思维"在交易中的体现。

如果你建立了"概率思维"，就具备了开放的心态，可以接受所有的可能性，这样你就不会纠结于某一笔交易的盈亏。在交易时，你会告诉自己，盈利和亏损都有一定的概率。当你不追求每一笔交易都正确无误时，就可以在做错的时候从容止损，而不是找理由说服自己死扛。换句话说，优秀的交易者有一半的时间在纠错。

很多人希望在市场中可以得到非常清晰的信号，希望买入某只个股后，第二天就能上涨，但事实上，这种能得出确定性结论的时候几乎没有。如果有"想得到确定的买卖信号"的思维，说明还没有理解市场的本质，即市场充满了不确定性，我们只能追求大概率，且时刻对小概率的出现做好应对的准备。

市场不是非黑即白的，大部分时候是混沌的、灰色的。这就需要交易者建立基本的概率思维，如果没有概率思维，是很难看到真实信号的，也无法在大概率出现时果断出手，在小概率出现时果断斩仓止损。

如果一个交易者做交易时，不能果断地依据信号交易，即仍旧停留在第一维的"情绪化交易"，涨跌全靠猜，怎么能长期盈利呢？即使脱离了第一维的"情绪化交易"，理解不了所有的信号都是概率，依然无法做好交易。

为了便于大家理解，我们来做个游戏。

箱子里有51个红球和49个绿球，摸到红球得一分，摸到绿球扣一分。你每摸一次，结果有可能是绿球，也有可能是红球，甚至，你有可能连续摸几次都是绿球。当你连续失败几次时，你会开始怀疑，箱子里是不是全是绿球？然而，当你把100个球全部摸完的时候，你会发现，你有51个红球和49个绿球，你会赢得比赛。

整个箱子的100个球，就是你的交易体系，长期看你是有概率优势的，具有51%的胜率，只要坚持下去，你终究能赢。但是，每摸一次，摸到红球和绿球的概率都是50%，也就是说，单独拿出一笔交易来看，你有可能赢，也有可能输，这就是交易的概率游戏——长期不断重复操作具备概率优势，但每一笔交易却又是不确定的。你能在连续摸到绿球的时候仍旧坚持体系不动摇吗？

这里用著名的交易心理大师马克·道格拉斯的一段话，作为本节的结尾：

你必须相信每一手牌的结果都不确定并无法预判。你不需要知道下一步的变化，因此对每一手牌、每一次轮盘的转动或者每一次掷骰子，都不会赋予情感上或者其他方面的特殊意义。换句话说，你不能受不切实际的期望妨碍，不会期待下一步的变化，也没有投入自尊心，不必非对不可。

3.4　跟随思维

跟随思维，是建立在"空杯心态"之上的。

刚刚进入市场的新手（包括曾经的我），往往会预测市场走势，总想提前知道个股是涨是跌，甚至很多浸淫市场多年的老手，也在"预测"思维中无法自拔。"预测"是人们的固有思维，当我们带着"希望"或"恐惧"看市场时，总在不知不觉预设一个目标，下意识地就"预测"了未来。

跟随思维的体现

然而，一个悲哀的事实是，世界上没有人能预测未来，也没有人知道某只股票明天的走势。市场走势是万千变量综合在一起的结果，多一个或少一个变量，都不会是当前的走势。无论用任何方法，哪怕是通过高速计算机进行复杂的运算，也不可能将所有的变量都考虑进去。试想，当一只个股走势强劲时，在庞大的交易人群中，有一个交易者因为急需用钱需要卖出，如果他的资金足够大，那就改变了股价的走势。我们怎么能预测到有这么一个人突然因故要卖出呢？

所有的预测都是不可靠的！如果将你的交易建立在"预测"上，还可能因先入为主的预设立场，导致自己去对抗市场走势，进而酿成大亏损。比如，一只基本面很好、业绩也很好的个股，目前价格是 30 元/股，你预测它的股价可能会在两个月内涨到 50 元/股，于是你坚定持股，希望能到那个价位。但因为我们中途不知道的利空或大势不好，这只个股股价不涨反跌到 20 元/股，你心中认为亏了，拒绝卖出，结果就是逆势与市场对抗，直到有一天，真相大白，你才发现这只个股基本面已经变了。很多大亏损，都是因为想等到预设的目标价格，死扛导致的。

大多数人应该都有过类似的经历。从思维模式的角度分析，当一只个股在毫无征兆的情况下下跌（即超出正常的波动范围）时，可能会让我们产生两种假设：

（1）被错杀；

（2）可能有我们不知道的利空信息。

为何说是"假设"？是因为我们并不知道背后的原因。这两种假设，代表了两种不同的思维模式。

假设是它"被错杀"，你内心倾向于持股，因为你之前预测了个股走势和个人立场，于是，在立场先行的情况下，你认为市场错了，你才是对的，这很容易导致账户大亏损，这是预测思维的体现。

假设是它"可能有我们不知道的利空"，这时你会认为市场已经反映了一些自己不知道的东西，于是你很快脱手，会有亏损但不会有大亏损。这是跟随思维的体现，你在第一时间根据股价走势的变化做出了及时的反应。

那么交易的依据到底应该是什么呢？应该是建立在事实之上的。在上面的案例中，当下的事实是什么？就是 "在毫无征兆的情况下下跌"，我们要跟随这个事实，要对这个事实做出评估和应对。

所以，当一只个股非正常下跌时，你首先应该问自己"当前的事实是什么"，而不是去假设。如果你假设"它被错杀了"，就为自己的大亏损埋下了伏笔。当然，很多人过不去这个心理关，原因是确实存在"错杀"的情况，比如有很多时候股价跌了又涨回来了，市场鼓励你想"它被错杀了"。这怎么破解呢？其实，利弗莫尔早就说过，当火车来的时候，我先跳下铁轨，等火车过去，我再回来即可。

这个问题其实并不复杂，交易者要做的是，让自己的交易依据"事实"而不是"假设"，这样就已经超越了市场中 80%的交易者。依据"事实"交易，就是跟随思维的体现。

交易者之所以喜欢"预测"市场的下一步走势，就是因为很多人认为想赚钱，必须知道股票下一步怎么走。而从上面的分析可知，这不仅是不可能实现的，也是没有必要的。股票是不是能赚钱，和知道"明天怎么走"没有任何的直接关系。

利用跟随思维做交易决策

我们只需要跟随走势，在有概率优势的位置（比如供需格局逆转的关键点）下单即可，就是说，在你下单的那一瞬间，可以证明需求强劲，供应不足。"需求强劲，供应不足"就是上升趋势保持的要素。如果明天跌了，分析是合理的波动还是影响供需格局的波动，是不是触发了你的卖点（包括止损点）。如果走势和预期相反，则说明你的入场点错了，应及时认错止损。如果入场点对了，则跟随这一大波趋势即可，从而赚到趋势的钱。这就是交易的核心原理"截断亏损，让利润奔跑"。

这些小的止损成本，可以看成我们钓鱼的鱼饵，没有鱼饵，怎么能钓到鱼呢？有时我们需要好多鱼饵（反复试错）才能钓到一条大鱼，有时候一次就能钓到大鱼。而鱼是不是上钩，以及是不是脱钩，其实在你甩竿入水的那一瞬间，你是无法知道的。

对于交易者来说，别总想着去"预测"市场，而要跟随和及时应对，这样会让自己豁然开朗。交易的核心不是预测，而是应对。跟随思维，本质上就是应对思维，即交易者等信号出来后再操作，而不是"提前预测"。要想做好交易，一定要摒弃"预测"的冲动，而要建立"跟随思维"，让自己客观地跟随事实的变化而变化，这才是投资的核心。

简单来说，跟随思维主要说了以下几点：

（1）不预设立场，只客观地跟随市场事实，即只有市场发生的"客观事实"，而不是你自己的期望，才是你的操作依据。

（2）不主观预测市场或板块、个股走势，上不猜顶，下不言底，只根据相应的板块、个股的量价行为去衡量供需格局的力量，让自己站在有利的一方。

（3）赚钱不需要知道也无法知道"未来会怎么走"，只跟随趋势，顺势而为。

（4）看见信号立即行动，若没有信号则不要猜测，更不要自己创造信号。信号是市场自己走出来的，无论是买还是卖，都让市场而不是自己的情绪告诉你结果。市场会告诉你，哪个位置是供需格局逆转的关键点，哪个位置有概率优势可以进入交易；市场也会告诉你，你在哪里要果断地退出交易。

利弗莫尔早就讲过类似的观点，下面这段话，就是关于跟随思维的体现：

如果你在心中预测，接下来市场或某只股票将如何表现，其实这没有什么问题。但是在市场真正的走势确认你的想法之前，千万不要轻举妄动；同样，如果在你心里判断市场走向，这也完全没有问题，但是在市场走向符合你的判断、发出了明确的信号之前，你还是乖乖地等待吧——只有在出现了确认信号之后，你才应该投入真金白银。关键价位是确认信号的核心，你必须让行情发展到那一步再入场。

3.5 右侧思维

讲完了"跟随思维"，我们再讲一下交易中常见的两种思维模式——"左侧思维"和"右侧思维"。

在交易中，"走势"是当下发生的事实，基于这个事实，"左侧"就是在还没有看到趋势确立或者逆转时，提前进入交易，可能是通过估值计算已经进入低估区间，也可能是凭自己的感觉，认为股价下跌了，已经足够"便宜"。而"右侧"恰恰相反，是已经看到趋势确立或者逆转完成，再进入交易，如图 3-2 所示。

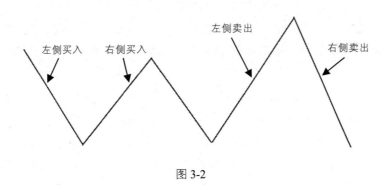

图 3-2

因此，"左侧思维"是预测思维，"右侧思维"是跟随思维。那么"左侧思维"和"右侧思维"哪个更好呢？并没有标准答案。

"左侧思维"的优势是，如果买对了，则成本会相对较低。注意，这里有个前提，是"如果买对"，那么，如果买不对呢？有可能就是继续下跌，要承担看错成本，或者需要进行漫长的等待，消耗巨大的时间成本。所以，"左侧思维"更像是抄底思维，内心总是想以更便宜的价格买到股票。然而，这是一个巨大的思维陷阱。因为很多股票价格之所以下跌，都是有原因的，有可能是基本面和逻辑变差导致的下跌，只是当时的自己不知道而已。

等待"右侧"信号出现再进入交易，则不会有这种苦恼，因为"右侧"信号，是市场发生的事实，要么已经形成了反转的事实，要么上升趋势已经确立。但"右侧"交易也有成本，当"右侧"信号出现的时候，股价已经上涨一部分了，你付出的成本会相对高一些。所以，在"右侧"交易，是买不到最低价的。

这里又引申出来一个问题，"最低价"是不是最好的价格？或者说，"最低价"是不是最好的买点？这里来论证一下。

一只个股在持续调整时，假设从 10 元/股一路调整，跌到 5 元/股。很多左侧交易者，认为股价腰斩，5 元/股已经够便宜了，于是选择在这里买入。他们可能认为 5 元就是最低价，但这只是他们认为的最低价，即只是猜测，没有证据证明 5 元/股就是该股的短期最低价，它也有可能继续跌到 4 元/股。就像上面讲的，一只个股之所以跌这么多，可能有一些我们不知道的原因。对于"右侧"交易者来说，在这里进入是有很高风险的。

假设 5 元/股真的是这只个股的最低价，那么怎么才能证明这个价格是最低价呢？很简单，后期涨上去，不再跌破 5 元/股。也就是说，股价开始回升，回升到 5 元/股以上，这时才能证明 5 元/股是该股的短期最低价。即最低点无法自证，需要后期不再跌破该价格，有了比较，才能知道之前的 5 元/股是最低价。下面举例说明。

中国平安（SH601388）在 2020 年 10 月 30 日见到最高点 86.55 元/股，随后一路下跌，2021 年 5 月，股价跌到 65 元/股附近，距离最高点下跌幅度已达 20%，你认为 65 元/股的价格就是近期最低价，喊出"不要错过 65 元/股的中国平安"，于是在你认为的低点附近买入。然而，该股继续下跌，2021 年 9 月，股价跌到 45 元/股，此时距离最高点下跌幅度已达 40%，很多左侧交易者认为不可能再跌了，认为 45 元/股的价格就是最低点，再次喊出"不要错过 45 元/股的中国平安"。

悲哀的是，中国平安在 2022 年 10 月 31 日，最终跌到了 35.9 元/股，从最高点的 86.55 元/股到 35.9 元/股，历时整整两年，跌幅近 60%。这个过程中，你认为所有的最低点，都被后来证伪，这就是"最低点无法自证"的现实证明。你所有的左侧抄底都是错的，你还消耗了巨大的时间成本，如图 3-3 所示。

图 3-3

　　注意看这个思维模式，最低价的时候，你没有证据证明是最低价，你说它是最低价，只是猜测，只有股价回升了，不再跌破，才能证明它是最低价。

　　理解了这一点，你就能明白，所谓的"最低价"，并不是最好的价格，也不是最好的买点。

　　最好的买点出现在什么时候？股价已经触底反弹，再次回踩但不跌破最低点，再辅以量价行为确认，那时就是最好的买点。比如上面的例子，股价跌到 5 元/股后开始回升，涨到 6 元/股后再次回踩，但回踩价格最低为 5.5 元/股，没有跌破 5 元/股这个前期的低点，这时买点才出现。交易者在这时买入后，可以将止损点设置在前面的最低点 5 元/股或 4.9 元/股，后期当股价跌到止损点时就止损退出。只要股价不跌破最低点，就可以一直持有，等待卖点出现，这就是一笔低风险的交易。

　　所以，在交易中，不要总想在"左侧"抄底、买在最低点，而要耐心等待市场自己证明了"最低点"是正确的，再进入交易，这要比单纯的"左侧"交易成功率高很多，还减少了巨大的时间成本，上面中国平安的案例，不仅仅是抄底被深度套牢的问题，更重要的是，两年的下跌会消耗你巨大的精力和情感，同时错过很多其他的机会。

　　那么，"左侧思维"就没有用了吗？当然不是。什么人需要在"左侧"交易呢？通常是机构等资金规模较大的投资者。它们手中有几亿甚至几十亿元，想建仓一只个股，等到"右侧"信号出来后再买，不仅会导致无法买够所需的数量，也会在建仓过程中把股价拉至很高，使得建仓成本大增。对于机构来讲，"右侧"买入只是点缀或助力，"左侧"才是大仓位的建仓区域。

然而，对于个人投资者来说，资金量通常不大，以几十万元或几百万元者居多，船小好调头，进出十分方便，对个股股价影响甚微，那么为什么非要在"左侧"买入，让自己陷入不确定中呢？那样不但要付出巨大的时间成本，还大大降低了资金的使用效率。

总而言之，"左侧思维"和"右侧思维"并没有绝对的对错之分，关键在于是否适合你。对于资金量不大的个人投资者，"右侧"交易更能体现出灵活的优势，可以提升资金利用的效率。那些声称喜欢在"左侧"买入的投资者，要么他的资金量很大，要么就是自欺欺人地掩盖自己抄底失败的事实，是认知不够的表现。

3.6　主线思维

随着市场不断扩容，以及注册制的推进，齐涨齐跌的传统性牛市或熊市，越来越难以出现。取而代之的，是结构性行情。换句话说，市场在每个阶段，都会有一个或几个龙头板块领涨，这就是主线。

轮动性的主线行情，正在替代传统的齐涨齐跌的牛市或熊市，下面简述一下从 2019 年至 2022 年年底的行情。

从 2019 年至 2022 年年底，这四年时间，看大盘指数（如上证指数）可能就是区间震荡或小幅度抬升（见图 3-4），但是每个阶段体现出的内容是完全不同的。

2019 年年初至 4 月份是猪肉主线行情，不少猪肉股股价上涨数倍，如图 3-5 所示。

2019 年 7 月至 2020 年 2 月是电子和半导体主线行情，不少电子和半导体股股价上涨数倍，如图 3-6 所示。

图 3-4

图 3-5

图 3-6

2020 年 1 月至 8 月是医药消费主线行情，股价也是成倍上涨，如图 3-7 所示。

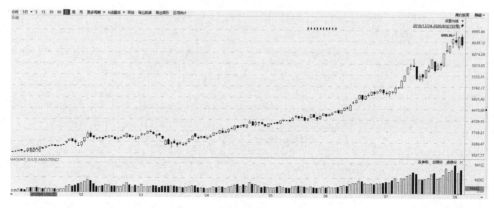

图 3-7

2021 年 3 月至 8 月是光伏新能源汽车和半导体主线行情，如图 3-8 所示。

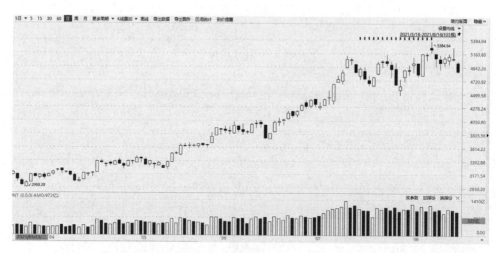

图 3-8

2021 年 11 月至 2022 年 9 月，是煤炭板块的主线行情，如图 3-9 所示。

图 3-9

这些主线行情，哪个主线踏准了，捕捉到几十个点的涨幅并不难，抓一两只数倍股也是有可能的。

从这个角度讲，大盘指数正在失去参考意义。板块的轮动性、结构性行情此起彼伏，体现在大盘上就是一个震荡或者小幅波段，但是板块和个股涨幅巨大，仅仅看大盘指数，是无法精准体现出这么多的板块结构性牛市的。

主线行情出现的三个原因

为何会出现这种局面？我想有以下三个原因。

第一，因为池子（在注册制下的新股超发）不断扩大，在资金量不足的情况下，很难再推动出现全面行情，所以只有结构性行情。以 2014—2015 年的牛市为例做推演说明。

在 2014 年上半年，两市（上海市场、深圳市场）成交额在 2000 亿元左右（低迷时甚至仅有 1000 多亿元）。从 2014 年下半年开始，市场逐步转暖，上证指数走出稳步上升趋势，两市成交额上升到 4000 亿元左右，几乎是低迷期的两倍。到了 2014 年年底，市场表现越来越强，两市成交额上升到 8000 多亿元，甚至有几天超过 10 000 亿元，是低迷期的 5 倍左右。到了 2015 年牛市顶峰，上证指数达到了 5300 多点，成交额也一度超过了 20 000 亿元，几乎是低迷期成交额的 10 倍。

这就是 2015 年大牛市的成交额情况，我们可以轻易得出结论，全面牛市，是需要大量资金（体现在成交额上）去推动的。

再来看一下上市公司的数量对比。在 2014 年年底，两市大概有 2600 家上市公司。截至 2022 年 12 月 31 日，两市共有 5000 多家上市公司，约是 2014 年的两倍。此时低迷期的成交额约是 6000 亿元（这里有上市公司翻倍因素、M2 因素和通货膨胀因素等），简单套用上面的数据，如果市场想走强，至少需要 10 000～12 000 亿元，这也只能保证市场走强一些，而如果要走出强劲趋势，则至少要 5 倍，达到 20 000 亿元以上。

当然，这只是一个简单的推演，并不完全准确，但是已经足够让我们看清楚大概的脉络了，市场总体成交量就是市场的温度计。

所以说，为何有时候市场无法走出强劲趋势？为何很多股反弹不久就夭折了？为何只有结构性行情？本质上还是因为资金量不够，匮乏的资金量不足以支撑这么大的市场体量。这就像你去菜市场买菜，原来西红柿和芹菜都是 1 元/斤，现在芹菜变成 1.5 元/斤了，而西红柿还是 1 元/斤，你会觉得芹菜太贵，在资金量有限的情况下，会优先选择购买性价比较高的西红柿。这是一种心理效应，正是这种心理效应导致了市场的快速轮动和结构性行情，因为没有足够的增量资金愿意高位接盘。

所以，要想走好，使趋势有持续性，就必须放量。在成交量不足的情况下，市场难以发动全面牛市行情，就只能轮着来，只有结构性行情，也就是板块的主线行情替代全面牛市行情。只要成交量不足，就可能是走得好的板块形成行情主线，其他板块无人问津。

第二，一旦一个板块成为主线，会有虹吸效应。即主线的赚钱效应会吸引其他资金进来，从而加强了主线地位，导致强者越来越强，弱者越来越弱，比如 2023 年 3 月到 4 月初的 AI 板块。因此，主线的形成不是一天之功，也很难在一天内戛然而止。

第三，机构资金持股周期变短。根据调查，有 40%～50% 的基金经理，重仓股持有不到一年；30% 的主流基金经理，刚好是一年一换的，即 70%～80% 的基金经理，旗下基金的重仓股持有周期是在一年内的。那么结构性行情就不难理解了，机构会在这些板块中调仓切换，当芹菜贵了时，他们就去买价格较低的西红柿。

这三个因素放在一起，导致结构性行情现象：在主线就是牛市，不在主线就无人问津，就是事实上的熊市。

如果理解了这个变化，跟随主线并识别主线，把握主线行情，就成为交易者的头等大事。摈弃杂音，只做主线，在主线里面轮动操作，就会成为创造高收益的最佳路径。

所以，要树立主线思维，要想提高投资和交易的效率，跟随主线是必须要融入你的体系的。换句话说，要先选板块，再选股。只要方向对，即使选股差一点，收益率也不会很差，只是赚多赚少的问题。我列举的那些主线行情，如果每年能把握两次，同时控制住回撤，那么想翻倍并不难。因为这些行情都是可以识别的中级趋势行情，这种行情每年都会有。

把握主线行情两大技巧

那么，怎么才能把握住主线行情呢？

第一，思维上，要认可跟随主线的模式，这样才能围绕主线搭建自己的体系。主线之所以成为主线，源于积累了一定涨幅的板块或个股，趴在地上的板块不会是主线。做主线就别想着抄底，如果你认为做主线是追高行为，那就无法用这个体系。因为，你永远无法用你都不相信的体系赚钱。

第二，如果你从思维上认可主线模式，那么要解决的就是怎么识别和跟随主线的问题。

关于识别和跟随主线，我们要找到如下特征：

（1）在弱势环境中，个股或板块能率先创出新高。

（2）向上的趋势保持良好，创出新高且有持续性，一般会在短期内不断向上。如果有一个阶段不创新高了，就要确认趋势是不是还能保持，或有没有新的主线出来代替它。

（3）在市场强势、很多板块都能创新高的时候，找出最强的那个板块，它才是这次行情的主线。

按照以上特征，在每个阶段都能找到这种板块。明白原理，你就可以自己识别这种板块，不需要多高深的知识积累就可以做到。

难点在于能不能保持空杯心态，做到客观地跟随。比如明明当前有个板块走势最强，屡创新高，趋势最好，但是你内心就是抗拒，不去承认这个事实，这就是自己的主观作祟，无法做到空杯跟随的表现。

我一直强调，我们要"客观地反映市场的事实"，什么事实？ K线走势。无论你多么看好的板块，只要它不涨，那它就是不好的，无论你认为多么不好的板块，只要它符合上面的特征，那它就是最好的。利弗莫尔曾经讲过："在你的观点未经过市场证实之前，它一文不值。"

当然，主线策略并非时时刻刻有效，因为主线有时候是不存在的。

市场也有某些阶段主线缺失，或者处于"主线重置期"（老的主线进入鱼尾阶段，新的主线暂时没有走出来），这个时候，在识别主线的过程中就会产生一些摩擦成本。这个阶段的市场，是非常容易亏钱的市场，体现出的特征就是板块轮动快、波动巨大，经常大涨大跌，如果这个阶段做反或者频繁交易，是很容易亏钱的。

可以这样说，"主线重置期"或者说"主线切换"的关键期，就是成本区，体系的成本无法避免。做主线，最难的就是这种时期，非常容易产生摩擦成本。只有理解了这些，才能抓住主线。很多人想，主线很强，来了拿钱就走。这可能吗？只有理解了摩擦成本，并且坦然接受摩擦成本，建立概率思维，才能很好地识别和跟随主线。

同时，做主线要具备空杯心态和概率思维，内心毫无抵抗地跟随市场变化而快速变化，客观地反映市场的"事实"。该出手就出手，如果错了，该止损就毫不犹豫。高收益的背后，就是高风险。对风险实施管理，不任由扩大，那风险就是可控的。不管理风险，才是要命的。做主线，一定要有完善的退出策略，不能死扛。因为之所以成为主线，说明都是涨幅巨大的，如果主线逆转了还死扛，很容易产生大的亏损。要内心做到毫无抵抗地按信号操作，买点来了买入，错了则止损。如果内心有抵抗，市场明明变化了还被自己主观思维锚定，明明跌破了止损点还不退出，则很难做好主线。

换句话说，抓住主线，是用很多的试错成本堆积出来的经验，一旦成功抓住主线的趋势性机会，将会实现非常好的收益，则成本不值一提。

3.7　强势思维和弱势思维

上一节说过，随着市场容量越来越大，新股发行数量越来越多，很难再出现传统意义上那种同涨同跌的牛市或熊市，大部分时候都是"结构性"牛市。

所谓"结构性"，简单理解就是同一时段有上涨的、有下跌的，或者轮换着来。比如，在2020—2022年，医药、消费、光伏、新能源汽车、半导体、煤炭、有色等板块，都曾经在某个阶段，有过持续几个月的上涨行情。这些板块上涨时，市场中的其他板块可能就处于下跌或弱势震荡行情中。

之所以形成这个局面，主要的原因是新股不断发行，但资金量增加得有限，导致"僧多粥少"，很难同时发动行情，于是呈现出板块轮动的特征，这是市场生态的一种变化。

在这种环境下，方向的选择就显得尤为重要了，因为一旦踏错方向，就是牛熊之别，方向对就是牛市，方向错就是熊市。要想做好交易，在短期取得更好的收益，就要适应这种市场生态的变化，尽可能地让自己把握主线行情，摒弃一些非主线机会。

所谓"主线"，其实就是当前被市场证明了的、有共识的最强方向，有一定的持续性，它是正在发生的事实，而不是你自己的一厢情愿。你自己认为好的方向和个股，只要没有被市场证明，那就不能称之为"好"。

所以，跟随市场的选择，才是核心。

跟随市场，选择已经被市场证明的个股，即它已脱颖而出或已走出趋势，这种个股就是强势股。还是那句话，不是我们说它强势它就强势，而是市场证明了它强势。而弱势股，恰恰相反，就是没有被市场证明的个股。

选择已经被市场走势证明的强势股，还是选择趴在地上的弱势股，其背后是强势思维和弱势思维的体现。思维模式的不同，导致了交易者看市场的角度不同，采取的方法和选择的标的也不同，从而导致了收益率的差异。

强势思维，是跟随思维，是右侧思维，因为"强"是你能看到的事实，你尊重这个事实，利用价格发现机制，选择已经被市场证明了的个股（已经涨起来的）；而弱势思维，是预测思维，是左侧思维，当前它走得比较弱，甚至落后于大盘，你之所以选择弱势股，是因为你主观"预测"它会上涨，会后来居上。

强势思维和弱势思维导致的交易行为和结果，差异巨大！

下面举两个例子，看一下采用强势思维和弱势思维在面对同样的个股走势时，各有什么样的思考和反应。

案例一：一只个股走出强劲的趋势，一个月涨了30%，明显跑赢同期大盘指数涨幅。

强势思维：这只个股走出了趋势，说明逻辑被市场认可，向上的概率更高，可以持股或者择机入场，顺势而为。

弱势思维：一个月涨了30%，涨幅太大了，不能碰了。

案例二：一只个股近期连续逆势下跌，一个月跌了30%，明显跑输同期大盘指数涨幅。

强势思维：个股逆势下跌，可能是出现了一些我们不知道的基本面问题，不能碰。

弱势思维：被市场错杀了，估值这么便宜，简直是天上掉馅饼，机会来了。

通过上面的案例我们可以发现，强势思维和弱势思维，在面对个股同样的走势的时候，思考的重点和做出的决策是不一样的。

我们把强势思维和弱势思维的反应模式做一个对比，如表3-1所示。

表 3-1　强势思维与弱势思维的反应模式对比

强势思维	弱势思维
选最强主线，选强势股，顺势而为	选尚未上涨和趴在地上的个股，无趋势概念
基本面好的个股，要被市场证明才能说"好"	估值越低，位置越低，越安全，无市场验证概念
上涨不言顶（不预测）	涨太多了，要调整（先入为主）
上升趋势的每次回踩都是低吸机会	上升趋势的每次回踩，终于开始割韭菜了
先涨的、抗跌的、强势的更加值得关注	先涨的、抗跌的、强势的更容易补跌
大幅下跌，可能是基本面出了问题	大幅下跌，机会来了

从表3-1中可以看出，强势思维更强调的是客观事实，更讲"证据"，而弱势思维更注重的是自己的想法，甚至是自己的"臆想"，它们之间有着很大

的差异。

一个毋庸置疑的事实是，采用强势思维，总是能选到被市场验证的强势股，也更容易抓到大牛股，尤其是面对当前市场生态变化的情况，强势思维更容易踏准方向；而弱势思维，总是去选择那些不被市场认可的个股，经常会因为一些个股所谓的"涨多了"，而错过一些牛股，也经常踏错方向，付出大量的时间成本。事实上，大部分时候，个股总是呈现强者恒强、弱者恒弱的形态。上涨趋势不言顶，下跌趋势不言底，涨跌一般都会过头，强势思维就很容易把握住上涨的阶段，而弱势思维很容易抄底吃套。强势思维造就强者，弱势思维造就弱者。

根据上面的分析，我们基本上可以得出一个结论：强势思维其实更加适合交易。

强势思维的优点有很多，那么，强势思维一定是对的吗？这要回到我们前面讲的，用"辩证思维"看问题。在辩证思维下，并不能说强势思维一定是正确的。

在强势市场，市场有持续性，强者恒强，这时，强势思维如鱼得水，更容易把握最强的方向。而每一次股价的回踩都是机会，可以让交易者实现收益率的快速增长。所以，在强势市场中，要匹配强势思维。而在弱势市场中，由于市场持续性不够，主线不够清晰，如果再采用强势思维，很容易导致短期吃大亏。所以，思维模式要匹配特定的环境，才能有好的效果。

那么，反过来思考，既然强势市场要匹配强势思维，那么，弱势市场，是不是应该采取弱势思维呢？也不是。

在弱势市场，因为市场持续性不够，很多强势股很容易快速回撤，而很多弱势股，只会更弱。所以，在弱势市场，正确的做法不是去匹配弱势思维，而是减少交易或空仓休息。

还有一个特殊的时点，是很多人容易迷惑和吃亏的时候，就是在市场由强转弱和由弱转强时。市场由强转弱伊始，大部分人被市场的强势迷住了眼，不相信市场会转弱，如果这时还持有强势股，就很容易在强势股调整时产生大幅回撤。股市中的很多高手，都是在这个位置折戟沉沙的。

反之亦然。市场由弱势转为强势伊始，大部分人被市场教育，心态还处于弱势思维中，总担心回调，即便是有小的上涨，也认为是熊市的反弹，没有持续性。于是，大部分人就错过了行情的第一波。所以，我们也可以看到，熊市反转的第一波行情，一定是在犹豫中上涨的，就是因为很多人的思维依然是弱势思维，刚刚被弱势市场"洗脑"，不相信这时候有行情，导致犹豫不决，错过了机会。

所以，强势思维与弱势思维，并非截然对立、水火不容的，强势思维也并非永远都是对的，弱势市场也偶尔会有春天，正确的做法是随着环境的变化，恰如其分地切换。

很多人都是走了大量的弯路之后才能理解，在市场中要做好交易，并没有一个精准的标准答案，这也是很多人很难在交易中成功的原因。所以，我反复强调我们一定要采用辩证思维去思考问题，在市场中，不要试图去找一个一劳永逸的答案，这里不是非黑即白、非此即彼的。交易是艺术，而非精准的科学。

我们再把强势思维和弱势思维做一个总结：

（1）市场生态已经发生了变化，结构性行情会是常态，同涨同跌的传统牛市或熊市，出现得越来越少。

（2）在市场生态变化下，踏准方向尤其重要，方向对了就是牛市，方向错了就是熊市。

（3）踏准方向要采取正确的思维模式，而思维模式要和市场环境相匹配。

（4）在强势市场中要用强势思维，才更容易选到市场最强的方向和个股，否则，很容易选到弱股，跑不赢市场平均获利水平。

（5）而弱势市场，并不是要匹配弱势思维，最好减少交易，因为市场弱持续性不够，很容易导致短期快速回撤。

（6）无论是强势市场还是弱势市场，都要摈弃弱势思维，采用弱势思维很容易选到基本面有问题的股，且无论是在强势市场和弱势市场中，弱势思维都是吃亏的。

（7）最关键的时点，就是市场由强转弱或由弱转强时，很容易导致短期大幅回撤或踏空。这时的解决方法依然是跟随市场，对市场的最新变化及时应对，快速切换思维，不要让自己的想法凌驾于市场之上。要尊重趋势，看见信号（买点信号、止损止盈信号）立即行动，而不是自以为是。

方法，从来不是核心，正确的思维模式才是。

3.8 试错思维

《华尔街幽灵》一书中有一个著名的观点："交易是'失败者的游戏'。"

在"失败者的游戏"中，交易者从一个试错的立场开始交易，直到这笔交易被证明是正确的以前，交易者始终认为自己是错的。那么，怎样才能证明交易是正确的呢？很显然，衡量标准是你的仓位是不是能赚钱。只要你的仓位不赚钱，那么该笔交易就是错的。交易者要让市场证明自己的交易是正确的，因为市场永远是对的。

当市场不能证明交易正确时，就要及时减仓或清仓，不让亏损放大。因为如果交易是错误的，就算大方向没错，入场点位也可能错了。

在这种思维模式下，我们的交易将是一次又一次的试错过程。我们用小的试错成本（在市场不能证明我们正确之前，因为止损产生的亏损），去捕捉一波大的盈利。胜率不是关键，盈亏比才是。假如你做 5 笔交易，1 笔盈利 20%，剩余 4 笔如果在亏 5%时退出，在 20%的胜率下，你依然不亏（可以看作是分仓 5 只，4 只做错了 1 只做对了）。如果你能做到 50%的胜率，那么你就能稳定盈利。

既然交易是从"错误"开始的，那么止损会变得轻松且简单，是自然而然的。因为你的立场本身就是假设自己是错的，你的交易本来就是用来试错的，退出交易就没有太大的心理负担。

当我们内心能心如止水地做好止损时，就会发现，看待交易的心态和之前是完全不同的。能顺畅地退出错误的交易，有利于自己进入良性循环。你会把交易看成一个又一个的闭环，你不会因为止损而认为卖错或卖飞有什么不对，因为你是在按纪律和计划交易。止损只是退出一笔错误的交易，在退出后，该交易就和你没有任何关系了，继续开始一笔新的交易就可以了。

换句话说，正是因为你能及时退出错误的交易，才有资格（资金）去参与新的交易，如果你在错误的交易中越陷越深，那么不仅仅是这笔交易产生了亏损，同时还有巨大的机会成本，因为你失去了新的交易机会。你没有办法让自己将交易变成一个又一个的循环，资金的周转率就会大大降低，而"周转率"又是复利的关键。

更重要的是，如果我们总能及时退出未被证明正确的交易，那么剩下的仓位都是正确的仓位。通过不断清除不能给我们带来利润的仓位，我们手里保留的都是盈利的仓位。这说明我们和市场是同步的，这正是顺势而为的体现。

带着试错的立场进入交易，还有助于克服恐惧的心理。很多人在入场前，还没有出手就怕了。我经常听到有人在买入前说，万一跌了怎么办？这种问题看似合理，其实根本原因是摆脱不了恐惧心理的影响。"万一"这两个字，都是自己幻想、假设的，说明活在自己的世界中走不出来，这是交易的大敌，因为交易需要尊重事实。不能还没出手就怕自己犯错，如果你选择做交易，那么错误是不可避免的，因为市场是不停波动的，在诸多变量影响下，市场怎么走都有可能，不确定性才是核心。在这种环境下，你会不断犯错。

如果你把交易看成"试错"，就不会有"万一错了怎么办"的想法，因为你是从"错误"的立场和心态开始交易的，所以能坦然接受错误，面对不确定性和各种可能性，就不会有恐惧的心理。既然你本身就是"错"的，那还有什么好怕的呢？

试错，是建立在对客观事实的跟随基础之上的。不是我们主观地认为对还是错，而是交给市场判定，这是"空杯心态"的体现。很多人做不到试错、止错、纠错，主要还是受主观因素的影响。未来发生什么，是涨还是跌，没有人知道，交易者也不必猜测，等待市场告诉我们即可。一旦先入为主，就会带着立场和偏见看待市场。当市场走势和我们预设的立场不一致时，内心就会充满焦虑，感觉很煎熬，这是一个心理难关。

任何交易体系，并非体系本身的好与坏，而是能不能被你接受。好的体系，在执行时"不会和你的内心产生巨大的冲突"是核心，你会感觉很舒适。如果你执行体系时，总感觉自己很难受，内心总有强大的对抗力量，那就说明这个体系你还驾驭不了。或者说，这个体系中有你没能理解的东西，你的认知水平和这个体系不匹配。

《金融怪杰》的作者施瓦格曾经说："你在奋斗、挣扎、强迫自己做一项交易时，你是错误的、是不协调的。最好的交易不需要付出任何努力。""最好的交易不需要付出任何努力"，是因为交易者心中就是这样想的，而非刻意为之。

交易到最后，可以简单总结为一句话：买点来了买入，错了立即止损退出，对了等待止盈。

你不必刻意追求对错，只要错了之后及时止损即可。利弗莫尔曾说："利润总能自己照顾自己，而亏损永远不会自动了结。"如果你控制住了回撤，你的投资回报就会超出你的想象。

交易是失败者的游戏，交易者必须学会如何去"输"，那些每次都输很少钱的交易者，才有可能成为最终的赢家。

善输，才能赢。

3.9　复利思维

大家有没有想过，为何大部分人躲不过"七亏二平一赚"的宿命？是因为选股能力差，还是因为不具备技术分析能力？

我认为都不是。对大多数交易者来说，买到翻倍股可能比较困难，但一年买到几只上涨 20%的个股应该是可以实现的。一年下来，每个人都会遇到非常多的 20%的上升波段，即便是在不景气的熊市期间，也有不少这样的机会，在牛市期间更不必说。

从数学理论上讲，一年如果能做 4 次 20%的波段，就能实现本金翻倍。退一步讲，一年哪怕只抓住一次 20%，多年的复利也是非常可观的，世界知名投资大师巴菲特、彼得·林奇等，他们的年化收益率也仅比 20%多一点而已。

但是，为何大部分人还是亏钱呢？

大部分人亏钱的主要原因

答案显而易见，就是大部分人无法控制回撤。我们账户里面盈利的钱，都会因为不控制回撤而最终变成了泡影。一些经历过牛熊轮回的老股民可能有切身体会，很多人在牛市中账户浮盈很多，却没守住，在随后的熊市中又还给了市场。

很多人没有意识到控制回撤的重要性，总是在追求高收益，追求牛股，而忽视了最重要的一环。换句话说，大部分人不是赚不到钱，不是买不到上涨的个股，而是赚了总是会再亏回去，账户总坐过山车，到手的利润经常回吐，甚至亏掉本金。

下面来做个简单的计算。

从 2019 年到 2020 年，可谓"核心资产"的牛市。其实不必具备专业的选股或交易能力，交易者只要选中"核心资产"股，翻倍就不难实现。

海天味业（SH603288，见图 3-10）和立讯精密（SZ002475，见图 3-11），都属于"核心资产"股，在 2020 年涨幅都超过了 100%（2019 年涨幅更大，"核心资产"的牛市始于 2019 年，为便于计算，这里只截取其 2020 年的涨幅），类似于海天味业和立讯精密这种在 2020 年翻倍的核心资产，当时有很多只，抓住一只并不难。

然而，到了 2021 年，风云突变，上涨了两年多的核心资产开始出现大幅调整，两只个股的调整幅度（截至 2022 年年底）分别为 42%和 43%，如图 3-12、图 3-13 所示。

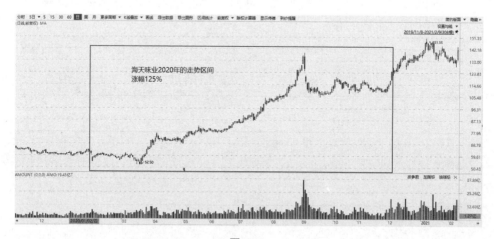

图 3-10

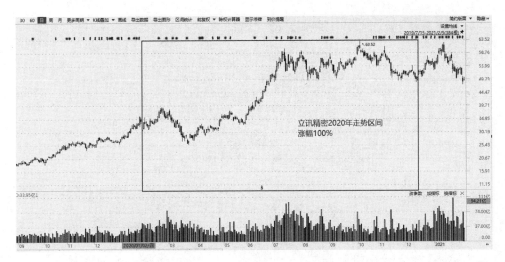

图 3-11

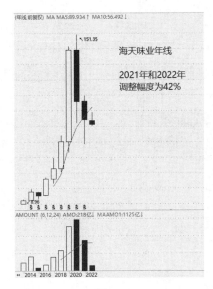

图 3-12

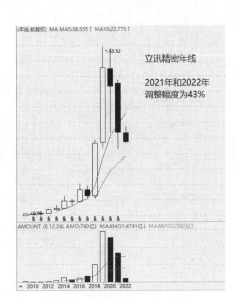

图 3-13

简单计算如下。如果你在 2020 年年初买入这两只股票后持股不动，那么这两只股票的股价虽然在 2020 年实现翻倍，但却在 2021 年和 2022 年共回撤超过 40%，在持股不动的情况下，最终账户余额约为初始值的 1.2 倍，计算如下：$1 \times 200\% \times (1-40\%) = 120\%$，即实现了约 20% 的收益率。

回头来看，这是买到翻倍股后不控制回撤的结果，虽然个股股价在 2020

年实现翻倍很让人惊喜，但在随后 40% 的调整中，让你的收益率仅剩下约 20%。

这也是大部分交易者的宿命，因为大部分人在牛市靠"死拿"赚的钱，都会以同样"死拿"的方式亏回去，就像是《缠中说禅》中的一句名言："你的喜好，就是你的死亡陷阱。"靠运气赚的钱，最终靠实力亏了回去。

如果你能控制回撤，那么假设你在 2020 年收益率仅为 10%，然后在 2021 年又实现了 10% 的收益率，结果就是：（1+10%）（1+10%）=121%，即两年实现了 21% 的收益率。如果你在 2020 年、2021 年都实现了 20% 的收益率呢？结果就是：（1+20%）（1+20%）=144%，即两年实现了 44% 的收益率。

复利收益的核心

你没有看错，两个 10% 的这种毫不起眼的复利收益，却大于翻倍后再回撤 40% 的复利收益。如果你稍微具备一点专业能力，实现年均 20% 的复利收益率，那么你的收益将非常优秀。通过简单的计算可以看出，如果能控制回撤，其实不需要每年都有很耀眼的收益率，长期都能实现财富的巨大增长。

如果我们能坚持年均 10% 的收益率达到 10 年，就是 1.6 倍的收益；坚持 20 年就是 5.7 倍的收益，坚持 30 年则是 16.4 倍的收益，坚持 40 年就是 45 倍的收益。因此，不要小看不起眼的收益率，长期复利回报惊人。即使是股神巴菲特，很多年份的收益率也在 10% 以内（见图 3-14）。

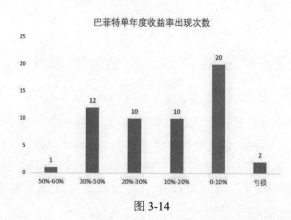

图 3-14

巴菲特的财富，有 98%是在 50 岁以后创造的，其财富净值与年龄（复利）的关系如图 3-15 所示，其核心就是复利效应。

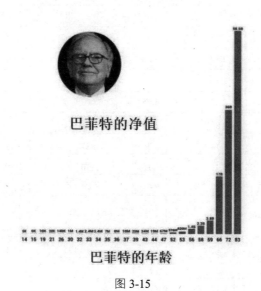

巴菲特的净值

巴菲特的年龄

图 3-15

因此，不要被某一个阶段性的高收益所迷惑，而要明白两个基本的前提：

（1）长期创造高收益的核心是复利；

（2）长期实现复利增长的核心是控制回撤。

当你建立了"复利效应"的基本认知，你的交易任务就很明确，不是追求短期的高收益，而是要控制回撤（当然，有高收益又能控制回撤更好）。

从表 3-2 中，可以更加清楚地看出复利的威力。

表 3-2　按不同复利收益率计算每年的收益倍数

年　　限	年均收益率					
	5%	10%	15%	20%	25%	30%
1	1.05	1.10	1.15	1.20	1.25	1.30
2	1.10	1.21	1.32	1.44	1.56	1.69
3	1.16	1.33	1.52	1.73	1.95	2.20
4	1.22	1.46	1.75	2.07	2.44	2.86
5	1.28	1.61	2.01	2.49	3.05	3.71
6	1.34	1.77	2.31	2.99	3.81	4.83

续表

年　限	平均收益率					
	5%	10%	15%	20%	25%	30%
7	1.41	1.95	2.66	3.58	4.77	6.27
8	1.48	2.14	3.06	4.30	5.96	8.16
9	1.55	2.36	3.52	5.16	7.45	10.60
10	1.63	2.59	4.05	6.19	9.31	13.79
11	1.71	2.85	4.65	7.43	11.64	17.92
12	1.80	3.14	5.35	8.92	14.55	23.30
13	1.89	3.45	6.15	10.70	18.19	30.29
14	1.98	3.80	7.08	12.84	22.74	39.37
15	2.08	4.18	8.14	15.41	28.42	51.19
16	2.18	4.59	9.36	18.49	35.53	66.54
17	2.29	5.05	10.76	22.19	44.41	86.50
18	2.41	5.56	12.38	26.62	55.51	112.46
19	2.53	6.12	14.23	31.95	69.39	146.19
20	2.65	6.73	16.37	38.34	86.74	190.05
21	2.79	7.40	18.82	46.01	108.42	247.06
22	2.93	8.14	21.64	55.21	135.53	321.18
23	3.07	8.95	24.89	66.25	169.41	417.54
24	3.23	9.85	28.63	79.50	211.76	542.80
25	3.39	10.83	32.92	95.40	264.70	705.64
26	3.56	11.92	37.86	114.48	330.87	917.33
27	3.73	13.11	43.54	137.37	413.59	1192.53
28	3.92	14.42	50.07	164.84	516.99	1550.29
29	4.12	15.86	57.58	197.81	646.23	2015.38
30	4.32	17.45	66.21	237.38	807.79	2620.00
31	4.54	19.19	76.14	284.85	1009.74	3405.99
32	4.76	21.11	87.57	341.82	1262.18	4427.79
33	5.00	23.23	100.70	410.19	1577.72	5756.13
34	5.25	25.55	115.80	492.22	1972.15	7482.97
35	5.52	28.10	133.18	590.67	2465.19	9727.86
36	5.79	30.91	153.15	708.80	3081.49	12646.22

年　限	平均收益率					
	5%	10%	15%	20%	25%	30%
37	6.08	34.00	176.12	850.56	3851.86	16440.08
38	6.39	37.40	202.54	1020.67	4814.82	21372.11
39	6.70	41.14	232.92	1224.81	6018.53	27783.74
40	7.04	45.26	267.86	1469.77	7523.16	36118.86

从表 3-2 中也可以看出，在没有回撤的前提下，长期来看，复利的威力非常大。这里有两个关键的因素：一是没有回撤，二是有足够的时间。时间不是我们能掌握的，如有的人能活到 90 岁，有的人只能活到 60 岁，这里不讨论，但回撤是我们能控制的。

有效控制回撤的两个要点

既然控制回撤才是复利增长的核心，那么，如何有效地控制回撤呢？

（1）及时止损，就避免了大的回撤。

关于止损的重要性，强调多少遍都不为过。因为市场不可能每次都按照你预想的发展，在错的时候第一时间以小幅度亏损出局，就能避免大幅回撤。很多人之所以有大的回撤，就是因为刚开始小幅下跌时，不积极主动地去应对，导致亏损越来越多，心理负担也越来越大。一定要记住，所有的大亏损，都是从小亏损开始的，出现错误时，第一时间卖出才是最容易的。

（2）只在关键点交易（耐心等待正确的买点），就降低了止损率。

止损可以保护本金，但频繁止损是交易者另外一个需要面对的问题。如果出现频繁止损，说明两个问题：一是大盘可能非常弱势，不适合交易；二是买点不对。在大盘环境好的时候，只在正确的买点下单，是降低止损率的关键。

关键点的理论来自利弗莫尔。他曾经讲过："不管在什么时候，我都有耐心等待市场到达我称为'关键点'的那个位置，只有到了那个时候，我才开始进场交易。在我的操作中，只要我是这样做的，就总能赚到钱。我的经验是，如果我不是在接近某个趋势的开始点才进场交易，我就绝不会从这个趋势中获取多少利润。原因是我没有在行情初期积累多少盈利，但是正是这些盈利才能给我带来勇气和耐心，从而帮助我抓住整个行情。"

（3）不贪多，不吃鱼尾，敢于在高潮时退出。

很多回撤，都是在大幅上涨之后没有及时兑现导致的（趋势的末端加速后是最容易产生巨大回撤的地方）。大家可能都有这样的经历，一只个股账面浮盈非常多，但没有及时卖出，导致利润全部回吐甚至亏了本金。想让复利发挥效果的另一重要因素，就是敢于在股价高潮（加速）时逆势卖出，然后去寻找下一次机会。

这三条，每一条都是逆人性的，但都是实现复利的关键。

应该树立一个理念：控制回撤远比抓大幅上涨重要。如果每一次机会来临，你总是先衡量有没有大幅下跌的风险，那么你就不会总是在拉升中情绪化地追涨，你就减少了大幅回撤，你就容易积累复利。

控制住回撤，你的收益率会让你自己吃惊。

假设一年做 10 次操作，每次有 10% 的收益，则理论收益率为 159%，即使你只用账户中 25% 的资金操作，一年下来也能达到约 40% 的收益率。这一切的前提是控制回撤，理论上，将回撤控制在 0 是不可能的，但同理，你也有远远超过 10% 的波段收益。我不是在给大家做数学题，只是在传递重要的理念：

（1）长期创造高收益的核心是复利；

（2）长期实现复利增长的核心是控制住回撤。

伟大的科学家爱因斯坦曾说：世界上最强大的力量不是原子弹，而是复利+时间，如图 3-16 所示。

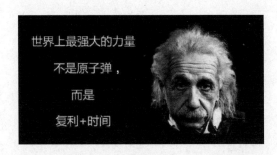

图 3-16

3.10　知止思维

在诸多亏钱的原因中，有一种是"过山车"，因为贪婪、舍不得卖出，导致利润回吐殆尽，最终亏损；还有一种是"逆势死扛"，因为对"价值"的错判或笃信"坚定"持有，想等反弹或价值兑现，结果越等越亏。

这两种情况，都是因为不知道及时切断交易导致的。

何时退出交易的技巧

上一节我们讲过，在一只个股上面，赚 20%并不难。我相信大家每年（或者每个很短的阶段）都有这样的经历，很容易买到短期涨二三十个点的股。也就是说，持有的个股在某个阶段内上涨 20%是很平常的。但一年到头计算下来，盈利 20%却变得非常困难，更别提连续多年都有 20%的年化收益率了，问题出在哪儿？

为何一只个股在某个阶段赚 20%很容易，但常年实现盈利却很难？归根结底，是大部分人不知道在恰当的位置卖出。一涨起来，贪婪作祟，就希望涨得更多，担心卖飞；一旦回落，又感觉自己没能在高点卖出，比较吃亏，想等股价再回到高点卖出，结果越等越跌，更卖不出去了，导致一笔好端端的盈利交易，变成了亏损，最后扛不住压力割肉出局。

这是大部分交易者的宿命，也是大部分交易者每天都在重复做的事情。

从这个角度来讲，何时退出一笔交易，比何时开始一笔交易，更为关键。一个完整的交易闭环，必定以"卖出"作为结束。无论你是价值投资者，还是趋势投资者，或是量化交易者，买入都是为了卖出。不卖出的交易，不是一笔完整的交易。

然而，"卖出"反而是大多数投资者很少考虑的问题，他们往往都把精力用在了何时买入、怎么抓住一只牛股上，却忽略了"如何结束交易"这重要的一环。这也是俗话讲的"会买的是徒弟，会卖的才是师傅"。一个优秀的投资者，不仅要会买，更要会卖。

卖出，又分为两种情况：一种是止损，一种是止盈。

止损贵在及时，如果市场走势不及预期，要第一时间退出亏损的交易，这样，风险是可控的，你就难有因为心存侥幸不去止损导致的大亏损。止盈更是一种艺术，要结合市场环境。如果在强势市场中，个股的持续性好，则要懂得让利润奔跑；而在弱势市场中，因为难有大的趋势，要适度收紧止盈，及时退出盈利的交易，否则可能导致账户盈利坐过山车。

这就是盈利的底层逻辑：止损持盈。尽可能让亏损的交易少亏一些，并让盈利的交易多赚一点。长期看，只要盈利大于亏损，你就是成功的。

无论是止损还是止盈，核心都在一个"止"字。知止，不仅是一种交易行为，更是一种心态，体现的是一种不贪婪、知进退的境界；而不知止，就是放任，就是随波逐流，是情绪化的表现。

老子在《道德经》里面讲过："知足不辱，知止不殆，可以长久。"就是说知道满足的人不会遇到屈辱，知道适可而止的人不会遇到危险，就可以活得长久。虽然那个年代没有证券交易，但其内容就是交易的最高境界。

所以，我们可以得出结论：很多人在市场里面赚不到钱，不是因为买不到牛股，而是因为在牛股大涨的时候，内心贪婪，不知止，不知道及时退出交易，赚了 20%还想赚 50%，翻一倍后还想翻两倍，结果导致账户来回坐过山车。所有的事物都是有周期的，个股也是如此，盛极必衰，不知道在盈利的时候及时退出交易，最终的结果可能就是盈利变亏损。

很多人（尤其是价值投资者）总是有"长拿"或"死拿"的想法，尤其是一被套住，就开始死拿不动，美其名曰等价值兑现。其实，这是一种很容易导致大亏损的思维陷阱。很多大亏，都是因为"长拿"或者"死拿"导致的，因为没有尊重最新的事实，是不知道基于变化采取行动的表现。

"知止"才是交易的最高境界，"知止"才不会将自己置于被动挨打的境地。索罗斯曾经说过："交易的最高境界，是适可而止。"

知止，提高资金利用率

另外一个层面，从资金利用的角度讲，只有卖出了，才能解除资金占用，才能开始一笔新的交易，这是"周转率"概念在交易里面的体现。所以说，你不卖出，你就没有资格（资金）开始一笔新的交易。尤其是亏损的交易一直死扛，不仅仅是这一笔交易亏钱的问题，还会有非常多的机会成本，因为你同时错过了很多的机会。

所以，"止"又可以看作是一个新的开始。

韩愈《原道》中有句话："然则如之何而可也？曰：不塞不流，不止不行。"即不停止，就没有办法开始。这一次的停止，是为了下一次的开始。

很多人想不明白这个问题，在一笔交易中纠结，任岁月蹉跎。然而，如果你能及时截断亏损的交易，控制住损失，又可以开始一笔新的交易，那么说不定下一笔就把之前的亏损补回来了。盈利的交易亦是如此，如果一只个股让你赚了钱，但是已经明显加速，那么从量价行为的角度讲，加速是快速透支需求的表现，调整的概率开始加大，这时，理性的操作应该是减仓或者清仓，因为概率已经对你不利，清仓后不是不交易了，而是重新开始一笔有概率优势的交易。这样，资金就完全循环起来了，利用率会大大提高。

有人会问，卖出后涨了（卖飞了）怎么办？这个问题很经典，这就是大部分人做不到"知止"的原因。很多人不愿意退出交易，就是侥幸心理使然。

简单来说，一只个股，你买入后大涨50%，已经明显加速，按照我们的体系，加速后下跌的概率加大，要减仓或者清仓，于是你选择卖出。但是，这只个股走出了小概率行为，你清仓后继续上涨10%，你感觉踏空了。单纯地看这一笔交易，你仿佛是吃亏了，因为踏空，没有赚到后面的10%。但是，你是通过概率去做的决策，并没有错，因为加速后风险明显更大了。同时，如果用系统性思维看，你在清仓后，又去买别的符合买点的有更好的概率优势的个股了，你可能在别的股上面，又赚了10%甚至更多。

这样理解交易，就是系统性思维，把交易变成了"一笔＋一笔"的不断循环，而不是单纯看一笔交易，停留在一笔交易上的"踏空"或"卖飞"上。你总是在逐步兑现掉加速的个股（概率劣势），把仓位换到符合买点的个股上（概率优势），这一卖一买，都是基于概率做出的决策，卖掉"风险"，买入"机会"。如果你总是和概率优势站在一起，短期或许因为运气因素吃点亏，但是长期看，概率会使你成功。

"知止"也是一种清零思维。在交易中，清零思维非常重要。一笔交易只要你退出了，那么无论盈亏，都过去了，下一笔交易又是独立的开始，我们要将思维中的情绪清零，不能将这一笔交易中盈利的兴奋或亏损的遗憾带到下一笔中，那样会产生干扰。很多人在之前的一笔交易中亏钱了，总是带着翻本或报复的心理进入下一笔交易，结果导致不够理性，盲目重仓出击，那就是错上加错了。切记，每一笔交易之间都是独立的，它们之间没有任何联系和因果关系，要学会独立地看待，而"止"，就是每一笔交易之间的分界线。

所有的一切，都要从"知止"开始。

知止是一种思维模式

"知止"是一种思维模式，总是养成"知止"的习惯，很难有大亏损，没有了大亏损，靠着复利积累，赚钱就会非常快。这样久而久之，你就养成有利于积累复利的交易习惯，单笔大亏损、单笔过山车，就会远离你。

这里给大家讲个小故事，来源于《商界》。

美国船王哈利曾对儿子小哈利说："等你到了 23 岁，我就将公司的财政大权交给你。"谁想，儿子 23 岁生日这天，老哈利却将儿子带进了赌场。老哈利给了小哈利 2000 美元，让小哈利熟悉牌桌上的伎俩，并告诉他无论如何不能把钱输光。

小哈利连连点头，老哈利还是不放心，反复叮嘱儿子一定要剩下 500 美元。小哈利拍着胸脯答应下来。然而，年轻的小哈利很快赌红了眼，把父亲的话忘了个一干二净，最终输得一分不剩！走出赌场，小哈利十分沮丧，说他本以为最后那两把能赚回来，那时他手上的牌正在开始好转，没想到却输得更惨。

老哈利说：你还要再进赌场，不过本钱我不能再给你，需要你自己去挣。小哈利用了一个月时间去打工，挣了 700 美元。当他再次走进赌场时，给自己定下了规矩：只能输掉一半的钱，只剩一半时他一定离开牌桌。

然而，小哈利又一次失败了。

当他输掉一半的钱时，脚下就像被钉了钉子般无法动弹。他没能坚守住自己的原则，再次把钱全都压了上去，还是输个精光。老哈利则在一旁看着一言不发。走出赌场，小哈利对父亲说他再也不想进赌场了，因为他的性格只会让他把最后一分钱都输光，他注定是个输家。

谁知老哈利却不以为然，他坚持要小哈利再进赌场。老哈利说：赌场是世界上博弈最激烈、最无情、最残酷的地方，人生亦如赌场，你怎么能不继续呢？

小哈利只好再去打工。

他第三次走进赌场已是半年以后的事了。这一次，他的运气还是不佳，又是输多赢少，但他吸取了以往的教训，冷静、沉稳了许多，当钱输到还剩一半时，他毅然决然地走出了赌场。虽然最终还是输掉了一半，但在他心里，却有一种赢的感觉，因为这一次他战胜了自己！

老哈利看出了儿子的喜悦，他对儿子说："你以为你走进赌场，是为了赢谁？你是要先赢你自己！控制住你自己，你才能做天下真正的赢家。"

从此以后，小哈利每次走进赌场，都给自己制定一个界限，在输掉10%时他一定会退出牌桌。再往后，熟悉了赌场的小哈利竟然开始赢了，他不但保住了本钱，而且还赢了几百美元！这时，站在一旁的父亲警告他，现在应该马上离开赌桌。

可第一次这么顺风顺水，小哈利哪儿舍得走？几次下来果然又赢了一些钱，这是他从没遇到过的场面，眼看手上的钱就要翻倍，小哈利无比兴奋。谁知，此时形势急转直下，几个对手增加了赌注，小哈利又输得精光。从天堂瞬间跌落的小哈利惊出了一身冷汗，他才想起父亲的忠告。

如果当时他能听从父亲的话离开，他将会是一个赢家。可惜，他错过了赢的机会，又一次做了输家。

一年以后，老哈利再去赌场时，发现小哈利俨然已经成了一个像模像样的老手，输赢都控制在10%以内。不管输10%，还是赢10%，他都会坚决离场，即使在最顺的时候他也不会纠缠！老哈利激动不已——因为他知道，能在赢时仍果断退场的人才是真正的赢家。

老哈利毅然决定，将价值上百亿元的公司财政大权交给小哈利。听到这突然的任命，小哈利备感吃惊："我还不懂公司业务呢！"老哈利却一脸轻松地说："业务不过是小事。世上多少人失败，不是因为不懂业务，而是控制不了自己的情绪和欲望！"

老哈利很清楚：能够控制情绪和欲望，往往意味着掌控了成功的主动权。

船王哈利训子的故事告诉我们，能在赢时退场的人，才是真正的赢家。我们在交易中，也要做一个能在赢时退场的人，知止不殆，不止不行：

（1）在交易中，知道适可而止，才不会遇到危险；

（2）在交易中，知道停止，才有资格开始。

3.11　第一时间思维

交易就像行军打仗，最忌犹豫不决、拖拖拉拉。很多持仓股被深套，以及出现追涨行为，都是因为"犹豫"而错过最佳时机导致的。

现代决策心理学有一项研究，结论就是：当一个人内心充满矛盾和冲突时，最典型的行为特征是不采取任何行动。也就是说，这个时候是最容易妥协、拖拉和知行不一的。

当一只你心仪的个股出现机会（买点）时，有时你会因为其他因素产生一些疑问，如宏观环境有一些变化，某个专家对市场持悲观态度，地缘政治又紧张了等。

这时，你的想法就很多，内心会产生一些冲突，导致犹豫不决。结果，在你犹豫时，你看好的个股上涨了，越涨你越犹豫，越不敢买，但是内心也越是不甘。出现信号时，如果错过，从心理上就很难接受。最终，你内心终于绷不住了，开始追涨买入。结果没多久，你发现买在了高位，根本没有赚到钱，不少次甚至亏了钱。原因就是在你犹豫时，错过了第一时间的最佳买点。这种行为对信心的打击远比亏损本身更大、更深远。这样几次下去，你都没有交易的信心了，后面再看到机会，会更加犹豫。第一次的"犹豫"助长了以后的"犹豫"。所以，如果错过第一时间，再去买入需要克服的阻力会更大，承担的风险也更大。

反之亦然。

当你持有的一只个股出现明显的卖出信号，比如在趋势末端出现了趋势逆转的放量长阴时，你要按信号果断离场，但是如果你内心犹豫、心存侥幸，希望趋势还会延续，想等等再看，那么导致的结果是，第一时间你走不掉，后面就难走掉了。如果后面继续跌，那么你需要克服的内心阻力会越来越大，因为你从情感上就会陷入挣扎，不断地说服自己，都跌了这么多了，要等个反弹，或说服自己长期持有。总之，第一时间没走，后面就更难走了，直至继续跌到你内心崩溃，下定决心割肉时，发现割在了底部（恐慌后见底）。

这是很多交易者经历过的，也是最常犯的错误，眼睁睁看着自己错过最佳离场时间，将自己陷入两难境地，走也不是，不走也不是，走了怕涨，不走怕跌。所以，我根据这种现象总结了一个口诀：高位不减，低位两难。

我自己有个经验，当一笔交易做得不如意时，最好的办法就是及时了结，然后开始一笔新的交易，而不是拖下去等待市场证明你是对的。等市场证明你是对的，是被动思维，等于把主动权交给了市场，而及时了结是主动思维，相当于把主动权抓在了自己手里，这是两种不同的思维模式。当你主动地及时了结一笔亏损的交易后，你内心的一切挣扎都随之结束了，而不是被困在一笔不顺心的交易中走不出来，反而影响了其他交易。总是这样做，长期下来，你会保持很好的心态，你会养成及时切断亏损交易的习惯，也会建立一种心理优势：这一笔交易亏损了，新开始一笔或许就赚回来了。

切记，所有的买入或卖出，第一时间才是最容易的，第一个信号出现的时候，你的心理压力最小，心态最轻松。如果错过第一时间，后面越涨或越跌，你就会陷入两难，你的心理压力会越大，追涨杀跌的可能性就会大大提高。

但是，有人会反驳说，如果我在这里买入，后面跌了怎么办？如果这里卖出，后面再涨了怎么办？岂不是错了？这个问题正是你无法在第一时间执行交易的心理陷阱。

第一时间买入，确实有时候会买错，没有 100%成功的体系和信号，错了止损即可，你不会亏损多少。但如果患得患失、犹豫不决，错过了上涨，就会出现上面的情形，为你未来追涨埋下伏笔。

同理，第一时间卖出，有时候也会卖错，有时你卖出后股价涨起来（百分之百会遇到），这让你内心产生懈怠和侥幸，总认为这次也没事，但偏偏可能就是这次，导致了大亏损。然而，我们在前面讲"复利思维"时已经讲过了，交易盈利的核心原则是控制回撤。如因为侥幸心理产生了大亏损，就违背了这个原则。

那么怎么解决这个问题呢？非常简单。

这一切落到实际操作中，核心点就是你有没有一个标准，也就是体系。如果有标准，就坚决执行，符合买入信号你就买入，符合卖出信号（包括止盈止损）你就卖出，信号出现就立即行动，第一时间行动，不存在拖延。只要拖延，就说明你没有做到知行合一。信号来了，符合体系，你该行动，为何行动不了？无非是因为你主观想法太多，甚至有很多凌驾于市场之上的想法，导致有标准也不执行。当有标准也不执行时，就相当于没有标准，没做到知行合一，依然停留在情绪化交易的最低层次。

说白了，策略非常简单，即"按信号交易"，为何执行不了？就是内心的问题，而不是策略和方法的问题。

很多时候的犹豫不决，是因为自己内心太复杂。交易中的很多想法，如果违背了信号，就会导致内心有巨大的抵抗力，这是"犹豫不决"的根源。"犹豫不决"是兵家大忌，是错过最佳买入时机和最佳离场时机的罪魁祸首。而解决"犹豫不决"的唯一方法，就是按信号交易，让自己内心纯粹地只按信号交易。

综上所述，第一时间买入，才是最容易的买入；第一时间卖出，才是最容易的卖出。错过第一时间，内心的抵抗力就会加大，把自己推入两难境地。

3.12　周期思维

万物皆周期，股市也不例外，我们要从周期的角度去理解事物运动和投资的本质。

股价的波动，呈现出明显的钟摆效应，往往从一个极端走向另外一个极端，周而复始。从大的方面讲，牛市的时候个股股价可以涨得"鸡犬升天"，公司估值可以扩张到正常情况的数倍；熊市时个股股价又跌得"一地鸡毛"，公司估值低到令人咋舌也无人问津。市场就在牛市和熊市之间呈现钟摆效应，周期轮回。

悲哀的是，大部分投资者是在"牛市"的后半段入市的（从开户数据、基金申购等方面可以印证，越是股市疯狂时，开户数越高，申购基金的金额也越多）。为何会这样呢？就是因为人性中"贪婪"的弱点在起作用，看身边的朋友、亲戚在牛市都赚钱了，经受不住诱惑，在指数顶部附近入市，结局可想而知。当入市的人足够多，需求被严重透支后（能开户的都开了），后续增量资金跟不上，市场就进入需求衰竭阶段，牛市终结，陷入漫漫熊途。

上面是从牛熊周期的大方面来看的，从小的方面看亦是如此。股价的波动也是呈现出周期规律的。股价往往是波段式演绎的，区别在于有时是大波段，有时是小波段。在波段演绎过程中，需求和供应不断切换身份，当需求主导行情时（供不应求），股价上涨，上涨消耗了需求，随着需求被耗尽，股价开始调整。这时切换为供应主导行情（供过于求），股价下跌，下跌消耗了供应，随着供应被耗尽，供需双方再次切换身份，调整充分后，又开始拉升。

这种"物极必反"的周期规律，在市场中无处不在。中国古代经典著作《道德经》就讲解了这种周期转化的规律。下面的内容来自《道德经》，结合我个人的理解，以此去构建"周期"思维模式。

（1）"曲则全，枉则直；洼则盈，弊则新；少则得，多则惑，是以圣人抱一为天下式。"

用现代语言解释就是：受了一些委屈才会保全，屈枉到了一定程度反而会直伸；低洼的地方才会得到充盈，陈旧的东西才会被更新；越少越容易获得，贪多便会迷惑，这是高境界的人坚守的观察天下事物的原则。

市场（或个股）调整久了，就会开始回升，涨得久了，就会开始调整。现代经济学里有个概念"均值回归"，就说明了市场运行的普遍规律，上涨或下跌的趋势不管其延续的时间有多长，都不会永远持续下去，最终一定会反向运动，即向均值回归。

"少则得，多则惑"在交易里面也是一种重要的思维模式。比如，交易者关注非常多的信息，如美股走势、地缘政治影响、突发消息等，如果对每一个消息都做出反应，就很难做好交易，因为每天发生的事件太多了。反而，不如回归到个股的内在价值（价值派）或走势（技术派）中去思考和解决问题，让自己变得简单。再如，有些人把交易系统弄得非常复杂，多周期信号叠加，甚至多种技术指标同时观察，导致很多信号相互矛盾，无法给出正确的决策依据，反而不如只看一两个核心指标简单高效。交易里，悟得深了，就会发现，越简单的体系和思维越容易赚钱。我认为"少则得，多则惑"，是非常伟大的交易哲学和人生哲学。

（2）"持而盈之，不如其已；揣而锐之，不可长保。金玉满堂，莫之能守；富贵而骄，自遗其咎。功遂身退，天之道也。"

用现代语言解释就是：手里的东西持续加满，不如适时停止。已经显露的锋芒再磨锋利，锐势难以保持长久。金玉满堂，很难长期守住；如果富贵到了骄横的程度，就是给自己留下了祸根。成功之后，就要懂得适当收敛，适时隐退，这才是恒久的道理。

人的欲望是无止境的，我们要学会管控自己的欲望。在交易里面，交易者时刻在和人性的"贪婪和恐惧"战斗。当我们赚钱时，还想赚更多。然而，不管外界环境的变化而不停地交易，想一直保持赚钱的状态是不可能的，在不适宜的环境中适度地休息也是非常必要的。尤其是当我们交易做得比较顺利时，往往容易情绪高昂，认为自己无所不能，从而滋生骄傲自大和懈怠的情绪。有交易大师分析过，很多大亏损都源于交易者在这种"顺境"时心态放松，但同时仓位却最重，这时不小心就很容易出现大亏损。所以，学会在交易中适度地"功遂身退"，才是交易的大智慧。

（3）"知足不辱，知止不殆，可以长久。"

用现代语言解释就是：知道满足的人不会受到屈辱，知道适可而止的人不会遇到危险，这样就可以长久了。

前面讲了"知止"的重要性，交易里，最难的就是"知止"。大部分交易者不是在市场里面赚不到钱，而是经常性地赚到了钱又回吐了，即不懂得适可而止，赚了20%还想赚30%，最后在贪婪的驱使下，导致到嘴的盈利又全部吐了出去。不知足，不知道及时退出交易，总怕自己卖了之后继续涨，是人性的贪婪导致的，这种心理就是想无限地赚钱下去，而没有考虑市场周期运行的规律，再强的趋势、再好的股票走势也有终结的时候。不知止，是大多数人无法实现稳定盈利的重要原因之一。

（4）"企者不立，跨者不行。"

用现代语言解释就是：踮起脚尖想要站得更高，反而无法站立太久；迈起大步想要前进得快，反而不能持续远行。

从行情走势层面理解，一只个股，一旦进入加速上涨（迈大步）的阶段，差不多就接近尾声了，这种加速上涨透支了需求，很难一直持续下去，这是市场运行的基本规律。

从个人交易心态方面来看，加速上涨是一种诱惑，不仅令人在感官上感觉很刺激，而且错过了"大涨"会感到非常遗憾。这时，如果管控不住自己的贪婪，总是在这种"迈大步"后入场，就很容易被套牢。市场每天都有很多加速的个股或连续大涨的"妖股"，如果总是去追涨，长期看很难持续稳定地盈利。如果理解了"企者不立，跨者不行"的道理，就会理解每一次的大涨其实都是一个波段的末端，很难长期持续下去，也就不会盲目追涨了。

（5）"三十辐共一毂，当其无，有车之用。埏埴以为器，当其无，有器之用。凿户牖以为室，当其无，有室之用。故有之以为利，无之以为用。"

用现代语言解释就是：三十根辐条汇集到一根毂中的孔洞当中，有了车毂中空的地方，才有车的作用。糅和陶土做成器皿，有了器具中空的地方，才有器皿的作用。开凿门窗建造房屋，有了门窗四壁内的空虚部分，才有房屋的作用。所以，"有"成就了事物，"无"也发挥了它的作用。

音符中间的空白，反而让旋律更优美。我们很多时候只关注音符，却忽略了空白，如果空白全部被音符填满，可能就是噪声。交易亦如此，交易里面的等待，成就了交易。没有等待，就没有办法选择恰当的入场和退出时机。所以，等待就是交易中的"无"，就是交易中的"空白"。有时候太注重技巧，反而忽略了"无为"的作用。

交易之道在于，耐心等待机会，耐心等待最有利的风险报酬比，故有之以为利，无之以为用。

（6）"将欲歙之，必固张之；将欲弱之，必固强之；将欲废之，必固兴之；将欲取之，必固与之。是谓微明，柔弱胜刚强。"

用现代语言解释就是：想要收敛它，必先扩张它；想要削弱它，必先加强它；想要废掉它，必先抬举它；想要夺取它，必先给予它。这是微妙而又鲜明的道理，柔弱会战胜刚强。

上帝欲使之灭亡，必先使之疯狂。牛市总是产生于无人问津时，而在大众癫狂中落幕。如果理解了这一基本规律，我们就可以利用它。在市场供应衰竭时布局，在市场需求衰竭时退出，反其道而行之。

（7）"上善若水，水善利万物而不争。处众人之所恶，故几于道。"

用现代语言解释就是：最善的人好像水一样，水善于滋润万物而不与万物相争。停留在众人都不喜欢的地方，所以最接近于"道"。

天下柔弱者莫如水，上善若水。水顺势而为，能完全顺应和贴合外物，不抗争，遇到阻碍知道低头，完全和外界合为一体。交易的最高境界，亦如水，至阴至柔，能顺应市场和环境变化，完全反映市场的客观事实，和市场融为一体，没有任何自己主观的想法，从心所欲不逾矩。这正是我们前面讲的"空杯心态"和"跟随思维"的表现。

（8）"反者道之动，弱者道之用。天下万物生于有，有生于无。"

用现代语言解释就是：循环往复的运动变化，是事物运行的基本规律，道的作用是微妙、柔弱的。天下的万物产生于看得见的东西，而看得见的东西又产生于不可见东西。

"反者道之动"，仅仅五个字，讲解了事物运行的周期规律，也是市场的运行周期规律。行情总是从"无"到"有"，再从"有"到"无"周而复始地发展。

市场的运行显然符合事物的周期规律，让人感觉震撼的是，这种规律，早在 2000 多年前的《道德经》里面，就有详尽的讲解。

很多思维层面的东西，是无法用言语准确表达的，只能用心去感知，唯有真正理解它，它才能成为你自己的东西，就像《道德经》开篇的第一句话一样：

"道可道，非常道；名可名，非常名。"

这句话通常的解释是，世界上可用语言解释清楚的道，就称不上是真正的道；可以用语言表达出来的名，就不是永恒之名。老子认为，"道"是万物的统一规律，其层次非常高，无法准备表述，如果用"有"和"无"概括，则只能传达出"道"的外在体现，并不能传达出本质。

"道"是一种既不能用语言表述，也不能给它定名的思维模式和认知方式。"道"是抽象的、无形的、生生不息的，也是不确定的。

这不就是交易的本质吗？

3.13 全局思维

大刘做股票好几年了，但依然会受到一些脉冲的影响，哪个板块稍微拉升一下，他的注意力就会被吸引走。比如，盘中房地产板块拉升一下，他就会赶紧去买房地产股票；白酒板块拉升一下，他又赶紧去买白酒股票。

大刘的这种操作，遇到有持续性的行情时，也能赚一笔，但在板块快速轮动的结构性行情中，不仅赚不到钱，还会导致追涨杀跌。因为弱势环境下，大部分板块脉冲一下，就会快速回落。更关键的是，这样做导致他每天高度紧张，盯盘一天后，感觉身心疲惫。

为此，大刘很苦恼。自己明明跟随市场，为啥是这个结果呢？

关于"跟随思维"，我们之前讲过，就是跟随市场的变化而变化。确实，大刘仿佛是在"跟随市场"，并对其快速做出反应，然而，这种对市场波动的过度敏感，事实上是一种没有原则的跟随，是缺乏大局观的跟随。

我们讲的跟随，分三个层次：

（1）低层次的跟随，对趋势的跟随；

（2）中间层次的跟随，对政策和经济周期的跟随；

（3）高层次的跟随，对时代的跟随。

如果你对每天的波动特别敏感，稍微有点拉升就立即做出反应，这就成了追涨杀跌。你看见拉升，就去追涨；看见下跌，就要卖出，这不就是追涨杀跌吗？

要想做到正确地跟随，而不是追涨杀跌，就要建立"全局思维"。

所谓"全局思维"，是一种统筹考虑问题的思维模式，先由点及线，由线及面地放大格局去思考，从微观延伸到宏观，然后再由面及线，由线及点，从宏观聚焦到微观的思维过程。

全局思维的好处，是能帮我们透过表象看问题的本质，站在更高的高度看清问题全貌，避免"一叶障目"的干扰。具备全局思维的人，在时间上，将过去、现在、未来融为一体；在空间上，将点、线、面融为一体，而不具备全局思维的人，只看眼前，只看一点。

交易里面的全局思维，会体现在以下几个方面。

选股的全局思维

一个符合时代发展潮流，符合政策导向的行业，显然比一个被时代抛弃的行业更有前途。在选股过程中，如果只盯着眼前，看个股本身，而不能契合全局，就无法选到最好的股票。

所以，我们在选股中，要有全局思维，从战略高度，选择符合时代发展的、科技和生产力进步的、有巨大空间的行业。比如二十年前的房地产行业，正是赶上了中国城镇化的时代发展需求，万丈高楼平地起，催生了地产股票行业的十几年黄金期。再如 2015 年前后的新能源汽车，从无到有，使得电动汽车开始替代燃油车，渗透率不断提升。这些都是时代发展的红利，在滚滚浪潮下，出现了大批 10 倍股甚至百倍股。

在这样的板块中选股，就是一种大局观，是一种"全局思维"。

当时代的浪潮逐步退却，你再去做它们，就是逆势而为了。比如，当下的地产行业，长期面临着人口下滑、城市化到了高位等诸多不利，短期看又面临国家政策调控、销量萎靡、二手房挂牌屡创历史新高等利空，这时，你不考虑长期逻辑，而去思考房地产复苏的短期逻辑，就是缺乏"全局思维"的表现。本质上，弃大局于不顾，只看眼前，是一种逆势行为。

而用全局思维选股，是一种顺势表现。

对当下走势要有全局思维

为何很多人会受股价短期波动的影响呢？就是因为当下所处的位置，没有从全局思维考虑。

一只个股出现一根放量阴线，很多人惴惴不安，甚至出现情绪化地操作。这根阴线出现在什么位置，是需要了解的。如果这根阴线出现在明显的高位（尤其是加速后的），可能就是一种风险，很可能导致上涨势头的终结，引发较大调整；如果这根阴线出现在相对低位，或者趋势的早期，可能就是一次正常波动。反之亦然，一根放量阳线，在低位意味着突破或者反转，在高位反而代表了需求的透支，可能是见顶前兆。

对于一个波动，如果不能从全局看问题，很容易导致做出错误的判断。技术分析中的全局思维，就是定位当前局部走势在全局走势中的位置，跳出短暂波动看整体，识别出当前处于整体趋势的什么阶段，然后再做决定。

具备了全局思维，你就能从容面对波动，而不是"头痛医头，脚痛医脚"。当你具备了全局思维，能从整体走势的角度去看，或从长远发展的角度看，你就能理性地面对。在全局思维下，一个大趋势向上的个股，在趋势不变的情况下，回调下来不就是机会吗？

对于单笔盈亏要有全局思维

交易是由一笔一笔组成的，因为我们的一生，要做无数笔交易，任何一笔交易，都是无数笔交易中的一笔。

一笔交易的盈亏，放在整个交易生涯来讲，是无足轻重的。从长期来看，我们的盈利来自交易体系的概率优势，如交易体系胜率为 51%，在不考虑盈亏比的情况下，长期看就能成功。

但为何很多人常常沉浸在一笔交易盈亏中无法自拔呢？为何很多人喜欢死扛一只亏损股几年不动呢？就是因为缺乏了全局思维，不能从整体去审视交易，太在意一笔交易的得失所致。

当具备了全局思维，再看你的交易体系，结果应该是这样的：单纯地从任何一笔交易来看，其结果都是随机的，因为你买入后是赚钱还是亏钱，是不确定的，但从交易体系的全局去看，长期又是有概率优势的，比如 51% 的胜率下，做 100 笔交易，有 51 笔是赚钱的。如此，你还会为一笔交易的得失陷入精神内耗吗？

当你具备了全局思维，看待任何一笔交易，内心都会非常轻松，不会赋予过多的情感寄托，更不会傻傻地拿着一只亏损股等待解套，你会及时按照体系止损点退出交易，然后开始下一笔交易。这种轻松自然地心态，反而有利于做好交易，进退从容自如。

所以说，为何很多人做不好投资和交易呢？就是太执着于表象，没有思考背后的本质，这和方法无关，只和格局有关。同样是做价值投资，为何你选的股不行？巴菲特选的就行？可能就是因为你把价值投资定义在了一个季度的指标上，只看短期的财务数据，感觉报表很漂亮，你认为这是价值投资，而巴菲特看的是商业模式，护城河和长期的竞争力。同样是做趋势投资，为何你的股趋势刚一形成就终结了，别人选的却强劲有力？可能你只是看了图表上的短期走势，认为形成了趋势，而别人可能分析了驱动趋势运行的长期推动力和长期环境，比如不断超预期的业绩。所以，有没有全局思维，差异是巨大的，具备全局思维的人，对不具备全局思维的人，是一种降维打击。

另外，从某种意义上讲，全局思维其实也是一种聚焦和舍弃的大智慧。全局思维意味着我们要着眼于更大的局面，那么一些小机会，自然也不会吸引我们，当我们不被这些鸡毛蒜皮影响时，反而能让自己更加在大一点的机会上聚焦。

所以，在交易中建立全局思维，是非常重要的，无论是选股，还是在技术分析，都要融入全局思维，从大到小看问题，看清全貌，大处着眼小处着手。

"不谋万世者，不足谋一时；不谋全局者，不足谋一域。"

——清《寤言二·迁都建藩议》

3.14　鱼漂思维

如果用一项休闲运动形容交易，则钓鱼最为贴切。钓鱼这项活动，修心养性、磨炼耐心，钓鱼的整个过程和交易的整个过程，几乎是一致的。

只在鱼群聚集的地方下竿

钓鱼时做的第一件事情，是选择合适的水域。有些人来到水边，随意选择一个地方，兴冲冲地支上钓具，甩竿入水。其实，只有新手或没有经验的人才这样做。原因很简单，如果你下竿的地方没鱼，那么即使你的技术再好，你也无法钓到鱼。

因此，来到水边不要急着下竿，应先检查这片水域，然后再做决定。检查主要是为了确认鱼的多少，检查项目如：环境是否嘈杂？水质如何？是活水还是死水？水草是不是适合鱼儿生长？水边植被是不是规则生长等。只有确认了这片水域有丰富活跃的鱼群，才值得下竿。否则，你会浪费大量的时间和精力，效率也非常低。

交易的第一件事情，其实也是如此。

做交易和钓鱼一样，不是你到河里随便扔下鱼钩就行的，虽然也可能会钓到鱼，但难度大很多。正确的做法是到鱼群聚集的地方，这样钓到鱼的概率才更大。可能你已经看明白了，寻找鱼群聚集的地方，就是前面讲的"主线思维"。交易中的"鱼群"就是"主线"，也是资金聚集的地方。

前面分析过，随着这两年市场的快速扩容，标的越来越多。池子变大了，但如果新进的资金量不能同步放大，以前那种同涨同跌的传统牛市或熊市将越来越难以看到。这当然不是说没有机会，机会不但有，而且还非常多，但都是结构性的、轮动性的。在这种环境下，只在鱼群活跃的"主线"下竿，就显得尤为重要。因为一旦方向错了，不但很难赚到钱，还有可能亏钱。

毕竟，只有资金认可的主线或个股，才有更好的赚钱机会，做起来也更加轻松。

只盯着你自己的鱼漂

选择适合的水域，是准备工作，除此之外，还要有一套完整的渔具。这套渔具包括几个最基本的部分：鱼钩、鱼漂、鱼线、鱼竿等，当然，还要有鱼饵。

一套完整的渔具，其实就是一个系统，等同于我们的交易体系。鱼漂是这个体系的信号系统，用来观察是不是有鱼咬钩，只有它动了，我们才知道需要提竿。鱼漂不动，你乱提竿，不仅钓不到鱼，还会消耗很多体力，并浪费很多时间成本。在鱼漂不动之前，你要做的事情只有一件，就是耐心等待。

在你钓鱼时，会发现水里有很多鱼游来游去，但它们和你没有任何关系，你应该做的是紧紧盯着你的鱼漂，而不是水中的其他鱼，否则只会让你分心。

只有那些咬了你的鱼钩的鱼，才和你建立了联系。

同理，在交易中，只有出现买入信号时，才值得你下单。市场上每天都有很多上涨的个股，这种诱惑，就像是水里游来游去的鱼，让你应接不暇。但是，只要不符合你的信号，鱼儿没有咬钩或鱼漂不动，本质上和你都没有任何关系。这时，我们要做的事情只有一件，就是耐心等待，等待鱼漂出现动作的信号出现。如果你被每天游来游去的鱼诱惑，而不是聚焦在你的鱼漂上，就会陷入胡乱提竿之中，也就是追涨杀跌，到头来你会发现，水里的鱼虽多，但你一条也没有钓到。

只盯着你的鱼漂，关注咬钩的鱼，才是交易的大智慧。但想做到这一点，有一个前提是：学会放弃。

放弃什么？放弃不属于自己的机会。不属于你体系内的股票，无论涨得多好，本质上都是杂音，水里的鱼再多，只要鱼漂不动，都只是扰乱你的心魔。

说完鱼漂，再说鱼饵。鱼饵是我们的成本，是耗材。我们每下一次钩，都要投入一次鱼饵。鱼漂已经动了，我们提竿钓到鱼的概率就很大，但仍有可能会有鱼脱钩，你就会损失鱼饵。

鱼饵相当于我们交易中的止损成本。我们要在交易前就明确自己的退出位置，即万一错了，在哪里退出。只要你坚持这样做，在没有突发黑天鹅的情况下，你的亏损就是一个定额的幅度。我们交易中的每一笔买入，哪怕是市场已经给出了信号，也不能保证100%会成功，如果错了，要及时截断亏损。这些小的试错成本，就是我们投入的鱼饵。

如果你把止损成本看成是钓鱼的鱼饵，内心就容易接受鱼饵的损失，毕竟为了钓到鱼，这些试错成本是交易中必不可少的投入。哪怕损失数次鱼饵，只要能钓到一条大鱼，这些鱼饵的付出都是值得的。

交易就像钓鱼，耐心等待"鱼漂"浮动

钓鱼是比拼耐心的游戏，有时可能要等上几十分钟，甚至几个小时，鱼漂一次也不会动，这时你看到水里的鱼游来游去就是不咬钩，内心备受煎熬；有时鱼漂刚动你就拉竿上来，发现鱼儿没有上钩，还损失了鱼饵，如此数次

下来，会不断地消耗你的耐心和信心。

交易何尝不是如此？

有时要等很久才能出现交易信号，你等待时，发现很多个股在不断上涨，内心十分煎熬；有时等了好久出现的信号，买入后发现做错了，不得不止损出局，如此数次，自己的耐心和信心被消耗殆尽，于是开始违反自己的原则，陷入痛苦的循环。

你看，交易是不是真的就像是钓鱼？如图 3-17 所示。

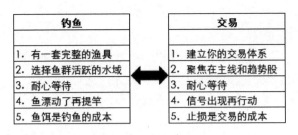

图 3-17

简单来说，交易就是在资本市场中选择一个鱼多的地方（主线或趋势股），把鱼饵放在鱼钩上（买入前确定这笔交易的止损点），扔钩入水，然后盯着自己的鱼漂（不要管水里其他的鱼），耐心等待鱼漂的动作（耐心等待交易信号）。鱼漂动了，你拉竿出水，如果钓到了鱼，就把鱼取下来放到水桶里（止盈）；如果没有钓到鱼损失了鱼饵（止损），就重新准备装上鱼饵再来一次。

让自己的内心简单纯粹，不要想太多，然后不断地重复这些动作。按照上面几步钓鱼的程序去做交易，成功的概率会大大提高。道理很简单，交易并不复杂，我们之所以做不好，就是因为心里想得太多，无法做到纯粹和聚焦。

正如前面所说，有时我们会发现止损是错误的，在止损后股价又上涨了，市场鼓励我们投资者不止损。然而，终究有一天，当我们心存侥幸时会导致大亏损。有时按照体系买的股票，反而是下跌的；有时随便买，反而是赚钱的，市场会鼓励我们不按照体系给出的信号买入，也就是诱惑我们舍弃鱼漂去关注水里到处游来游去的鱼。

当有体系不执行时，相当于没有体系，市场又变成了随机的。心中有体系的人看到的波动，是有符合自己标准规律的；没有体系的人看到的波动，是无序的。

这也是很多交易者无法过去的心理关。如果这个心理关过不去，就会发现交易很难做，市场中到处充满了陷阱。

交易的境界，更像是一个勇于舍弃的过程。水里面的鱼，无论有多大、多少，只要没有咬你的鱼钩，只要鱼漂没动，本质上就和你没有任何关系，都需要放弃。首先，很多人根本意识不到，这些游来游去的鱼是诱惑和陷阱。其次，即便意识到了也很难做到不受影响。真正能不受影响的仅仅是极少数人，只要做到了，只盯着自己的鱼漂，就和大众划清了界限，已经领先于大部分人了。

想做好交易，必须学会等待、学会放弃、学会对诱惑无动于衷，并心甘情愿地接受交易失败。同时，对自己保持足够的信心，不轻易动摇。当然，能做到这些的人少之又少，所以成功者寥寥无几。

交易进阶的过程，其实就是一个不断寻找的过程。这种寻找，不是寻找方法上的"圣杯"，因为一切方法的东西，大都不是核心。就和钓鱼一样，方法是外在的，只要你不是很愚钝，通过自己努力，总能找到适合自己的方法。问题是能不能做到不受诱惑，勇于放弃，做到时刻保持坚定的信念。

这里说的寻找，其实是一个"向内求"的过程。如果说世界上真有一种能稳定盈利的"圣杯"，那么这个"圣杯"，一定是存在于我们心中的。

3.15　击球区思维

泰德·威廉姆斯是过去 70 年来唯一一个在单个赛季打出 400 次安打的棒球运动员。

在《击球的科学》中，他阐述了击球的技巧——把击打区划分为 77 个棒球那么大的格子。只有当球落在他的"最佳"格子时，他才会挥杆，即使他有可能因此而三振出局，因为挥杆去打那些"最差"格子会大大降低他的成功率。

换句话说，泰德·威廉姆斯总是在等待，等待球进入 77 格内才挥杆，为了提高成功率，他放弃了很多平庸的机会，这是他成功的核心。

等待最佳位置点

事实上，世界上很多事情背后的逻辑都是相通的。

在《股票大作手回忆录》中，利弗莫尔曾经讲过：

"交易不是每天要做的事情，那种认为随时都要交易的人，忽略了一个条件，就是，交易是需要理由的，而且是客观的、适当的理由。除了设法决定如何赚钱之外，交易者必须也设法避免亏钱。知道什么应该做，跟知道什么不应该做几乎一样重要。"

"股票作手必须对抗内心中很多代价高昂的敌人。赚大钱要靠等待，而不是靠想。一定要等到所有因素都对你有利的时机。仔细地选择时机是非常重要的，操之过急，是要付出代价的。我的损失完全是由于缺乏耐心造成的，没有耐心地等待恰当的时机来支持事先已经形成的看法和计划。要有耐心，等着恰当的关键点出现，等着恰当的交易时机。耐心、耐心、耐心——这就是我把握时机，获得成功的诀窍。赚钱的不是想法，而是等待。一个人需要做的只是观察市场正在告诉他什么，并对此做出反应。答案就在市场本身，挑战来自对呈现出来的事实做出正确的解释。"

"交易者必须有耐心，要蓄势待发，要等待。关键点的定义是：进行交易的最恰当的心理时刻。我从来不在最低的价格时买进，也从不在最高的价格时卖出，而是要在恰当的时候买进，在恰当的时候卖出。"

"在很多时候，我是持币观望，直到恰当的行情出现在面前。我后来的交易理论的一个关键是：只在关键点上进行交易。只要我有耐心，在关键点上进行交易，我就总能赚到钱。"

查理·芒格曾也曾经讲过：

"在进行投资时，我向来认为，当你看到某样你真正喜欢的东西时，你必须依照纪律去行动。有性格的人才能拿着现金坐在那里什么事也不做。我能有今天，靠的是不去追逐平庸的机会。"

《股票魔法师》的作者 Mark Minervini 在书中写道：

"尽管猎豹是世界上速度最快的动物，并能在平原上抓住任何动物，但它在完全确定能抓住猎物之前会一直潜伏等待。它可能在树丛中藏身整整 7 天，等待正确的时机出现。它在等待一只幼小的羚羊，或生病或跛脚的羚羊，只有在那时，在它不可能错失猎物时，才会发起进攻。对我来说，那就是职业交易的缩影。"

这对我们的交易有什么启发？

尽管芒格、利弗莫尔、Mark Minervini 的投资方法不一样，有价值投资，有成长股投资，甚至还有投机，但他们之所以能用自己的投资方法做到极致，获得常人难以想象的收益，都归结为一个共同点，核心是：放弃平庸的机会，耐心等待股价进入"击球区"。

优秀的投资家、交易者，无一不是善于等待、善于放弃的。

耐心等待股价进入"击球区"，需要克服人性中的"贪婪"弱点。其实大部分人之所以收益率平庸，甚至很差，就是总认为时刻都有机会，每天被市场的各种诱惑吸引，以至于深陷其中，频繁交易，导致收益平庸。

交易者的工作就像是渔民出海捕鱼。但渔民出海，也需要等到天气晴朗、海面平静、季节适宜（鱼群活跃）等条件具备的时候。否则，如果不论条件如何每天都出海捕鱼，不是捕鱼的效率很低，就是早晚会死在风浪中。

上面的道理如果能理解，就可以把它落实到我们的交易行为中。

首先，你要有自己的"格子"。也就是说，制定自己的规则，这些规则包括选股和择时。用规则限制自己聚焦于适当的机会，放弃一些平庸的机会。

其次，有了"77 个格子"，就是耐心等待股价进入击球区。只有进入击球区的球，才值得挥杆。

我们都明白，在交易中，好的机会不是时刻都有的，真正值得重仓出击的机会，少之又少。但我们大部分人却总是在场内，无休止地进行交易，这也是大部分人收益率很平庸的原因。

那么，怎么才能构建自己的"77 个格子"呢？

耐心等待最佳交易时机

我们要首先理解交易的本质，就是供需格局原理。股票也是一种商品，供不应求时价格就会上涨，供过于求时价格就会下跌，无论是基本面还是消息刺激原因，最终都体现在供需格局上。如果没有人愿意出钱买进，那么看上去再好的股票也不过是一张废纸。由供需格局的不平衡，产生了趋势。在实际的个股股价走势中，基于锚定效应等心理因素，股价总会在有些点位上发生突破、反转或无法突破、无法反转（中继点），这些位置被称为关键点。

对于交易来讲，这些关键点，才是产生最佳交易时机的位置。因为在这些位置上，你具有概率优势。所以，我们仅仅需要在这些位置，也就是"供需格局逆转或延续的关键点"下单，成功的概率会大大提升。但说起来容易做起来难，抓住这种"供需格局逆转或延续的关键点"谈何容易，需要具备的一个基本素质，就是耐心等待。

"等待"是一种境界，不是学习任何方法就能替代的，而是一种根植于内心的思维模式。常见的等待分为两种情况：

（1）在入场前，耐心等待机会出现，耐心等待"供需格局逆转或延续的关键点"，只在这种关键点下单。

（2）买入后，耐心持有，等待止损或止盈这两个退出条件出现。

最终，我们又回到了那个关键的因素：只需要按信号交易，无论是买入还是卖出，都要等信号出现后再操作。

"等待"的一个成本是，会错过一些机会。这也是很多交易者无法耐心"等待"的原因。市场上的机会很多，如果我们总是"等待"到关键点下单，则意味着要放弃一些机会，抵挡住一些诱惑，因为除"关键点"外，市场自身也会向上或向下波动。比如你在看好一只个股时，它正在拉升，拉升说明在消耗需求，已经错过供需格局逆转的点了，这种拉升可能到了中途，也可能到了尾声，如果你抵挡不住诱惑，就可能会追高。这是一种诱惑，因为虽然它不处于供需格局逆转的关键位置，但是它正在上涨，你看着上涨会在心理上感到遗憾。于是，就做不到"等待"。

无法等到"买点"再行动，本质上是一种情绪化的表现，被贪婪左右，即不想错过每一次机会。

那么，如果错过了买点怎么办？答案是，继续等下一个机会，等下一个买点出现，而不逼迫自己强行交易。机会就像是公交车，错过这一班，下一班马上就到来，而不是去追着公交车跑到下一站。如果我们总能这么做，成功率就会大大提高。

最后，再讲一个鳄鱼的故事。

鳄鱼行动看似比较迟钝，却能捕捉到各种行动迅速甚至堪称灵敏的动物。在冰川世纪食物极度短缺时，鳄鱼凭借其运动量小、食量小、捕猎时用最少的体力消耗获得猎物等特点，得以摆脱灭绝的命运。而那些凶猛的霸王龙，虽然竭力奔跑追逐猎物，却因为获取的食物远不能满足其消耗，最终彻底灭绝。

鳄鱼的理性，表现在它不去追逐很难得到的目标。鳄鱼通常处于平静状态中，像一节漂浮在水面上的树桩般纹丝不动，只露出鼻孔和眼睛，耐心地观察着水面和陆地上的动静，等待猎物靠近。一旦发现猎物进入攻击区，它在猎取目标的刹那间爆发出惊人的速度和巨大的爆发力，令被捕的猎物措手不及。可见，鳄鱼也只在"击球区"出击。

鳄鱼的捕猎方法从表面上看比较被动笨拙，却可以用最少的体力获得食物，使自己尽可能处于相对安全的境地，可谓大巧若拙。

作为恐龙的近亲，鳄鱼能奇迹般地顽强存活下来，其独特的生存本领值得我们好好学习。鳄鱼之所以能在最恶劣的环境中生存下来，凭借的是理性和耐心。

这其实也是我们在市场上的生存之道。

3.16　"错过"思维

上一节我们讲了"击球区思维"，耐心等到击球区出击是获得概率优势的核心。但在击球区出击，会面临一些"踏空"和"卖飞"问题，导致很难在情感上接受，这种心理上的"错过"，是一种思维陷阱。

在交易中，只要我们出手，就有成本，甚至即使不出手，也有成本。因为股价不是停顿不动的，而是在不断变化的，无论是买入还是卖出，甚至是空仓等待，都会面临两个基本的结果——对或错，就会存在所谓的踏空和卖飞。这是不可避免的。

有很多交易者在踏空或卖飞的心态中纠结，活在后悔和懊恼之中。其实，这种纠结会对自己的心态产生巨大的影响。

我们要换一个角度去理解。

如果你专注执行自己的体系，买入、卖出都按照体系去做，就不存在什么"踏空或卖飞"了。即交易里面没有所谓的踏空或卖飞，只有是不是按体系操作，如果都按体系的信号操作，谈何踏空或卖飞呢？到了买点，就买入，否则，上涨多少都和你没关系，不存在踏空；反之亦然，到了卖点，就卖出，卖出后无论涨跌，都和你无关，谈何卖飞？

所以，内心有踏空或卖飞的想法，本质上是没有体系使然，或没有做到知行合一，内心有强大的抵抗。

从另外一个角度来看：如果你能完全按体系操作，凡是你认为的所谓的"踏空或卖飞"，都是体系外的机会，超出了你的认知，那不是你该赚的钱，你只需要赚你体系内的钱就好。

这是一个重要的思维模式。如果这种思维模式能根植于心，交易就变得非常简单和从容，错过也不会懊恼，卖出后也不会后悔，因为都是按体系操作的，不存在错误。如果能一直这样思考，你的内心会非常从容，非常有利于交易，在某种程度上，大大降低了"追涨杀跌"的可能性。追涨根本原因是怕错过，一旦追涨，就为杀跌埋下了的隐患。当你不因为怕踏空而追涨，你就不会盲目杀跌。有了这种思维模式，对于执行体系，就有了一个好的开始。

我们整个交易生涯，是由一笔又一笔的交易组成的。在很多时候，我们之所以做不好交易，就是因为外部的干扰太多，导致分心。比如，你持有的个股走势正常，系统并没有提示出现卖点，但你发现关注的另外一只个股走势强劲，于是，认为持有的个股走势差，关注的个股走势更强，就有一种"踏空"的感觉，"怕错过"的心理会导致你换股追涨。

需要注意的是，我们无法也不需要把握住所有的机会，并非没买到的都是"踏空"，也不要强迫自己将持有的每一只股都卖在最高点，那是不现实的，

"卖飞"是常态，我们只需要做好当下的交易，按纪律买和卖，一笔一笔地积累复利。

从某种意义上讲，我们反而要拥抱"踏空或卖飞"，为什么呢？因为我们等待符合体系的机会，等待正确的买点，按纪律在等待，就不是踏空；我们将利润及时落袋，而不是反复坐过山车，这就不是卖飞，反而是稳定盈利的开始。

在"复利思维"中我们讲到，如果能控制回撤，其实我们不需要买入多耀眼的个股，也不需要买在最低点、卖在最高点，不需要非常高的胜率，更不需要把握所有的机会，就能依靠复利实现超额收益。

将"踏空或卖飞"的思想从大脑中移除，只有"是不是遵守了买卖原则"，没有"踏空或卖飞"，一笔一笔地按纪律交易，积小胜为大胜，复利的威力，会让你吃惊。

这里面还涉及是做短线还是做长线的问题，从交易的角度讲，不要一开始，就给自己预设是做长线还是短线，这一点非常重要。

如果你刚开始预设做长线，当个股走势与预期不一致时，则容易陷入"锚定思维"，导致有大的回落也死扛，说服自己如果卖出可能就"卖飞"了，从而导致大亏。也许有一些个股是会涨回来，但很多就无法涨回来。另外，短期的巨大回撤会导致个人失去信心，对自己产生怀疑，很容易在低位卖出手中的股票。

从这个角度理解，我们在买入一只股时，不需要预设自己做长线还是做短线，走势好，趋势持续向上拓展，没有出现卖点，就是长线。如个股走势不及预期，次日就止损卖出，就是短线。长或短，都让市场、让信号来引导，只要按信号做就可以了。

简要总结如下：

（1）你认为的"踏空和卖飞"都是体系外的机会，只要遵守体系的规则交易，按信号交易，就不存在"踏空和卖飞"。

（2）坦然接受"踏空和卖飞"，内心平和没有任何抵抗，创建一个从容的交易心态，有助于看到真实的市场，也有助于你不带情绪地用平常心面对每一笔交易，这才是"赢家心态"。

（3）谨慎出手，多些耐心，让每一笔交易都符合买入条件和退出条件，一笔一笔去做，做完一笔是一笔。而不是这山望着那山高，市场中赚钱的机会有很多，要经受住诱惑。

　　交易到最后，就只有"买点"和"卖点"，当你能严格按照买卖点信号交易的时候，你就不会去思考踏空和卖飞这些庸人自扰的问题。所以，严格按照"买卖点信号"交易，本质上是一种知行合一的思维模式。

小结

交易赢家思维模式	描　述
空杯思维	"空杯"，是认识市场的第一个门槛，也是最重要的一个门槛。在交易中，当我们用"空杯思维"面对市场时，我们的心就是一个空的杯子，可以接受任何东西。如果市场给我们倒水，则心中就是水；市场给我们倒酒，则心中就是酒，而不是我们心中装着水去看市场，然后看到的都是水。换句话说，当你有了"空杯心态"后，可以接受市场的各种可能性
辩证思维	辩证思维是反映和符合客观事物辩证发展过程及其规律的一种思维方式，辩证思维的特点是从对象的内在矛盾的运动变化，以及各方面的相互联系中进行考察，以便从整体上、本质上完整地认识对象。辩证思维既不同于那种将对象看作静止的、孤立的形而上学思维，也不同于那种把思维形式看作既成的、确定的形式逻辑思维。辩证思维以事物之间的客观联系为基础，以动态发展的眼光来看问题。用辩证思维看待问题，不是"非黑即白"的，这是一种非常适合交易的思维模式，因为交易里没有确定性可言，根本就不是"非黑即白"。通过辩证思维看待交易，就会发现，从来没有稳赚不赔的交易策略，也从来没有所谓"确定性"的盈利机会。很多问题单纯从表面上很难找到答案，或者说没有唯一的正确答案
概率思维	优秀的交易者根据概率方式，把交易定义为概率游戏。他们对任何交易结果的情感反应，是一致的，即无论盈亏，都是一笔平常的交易。建立了"概率思维"，就具备了开放的心态，会坦然接受"市场中存在所有可能性"的事实，从而更加真实地对市场的变化做出反应

交易赢家思维模式	描　　述
跟随思维	（1）不预设立场，只客观地跟随市场事实，即只有市场发生的"客观事实"而不是你自己的期望，才是你的操作依据。 （2）不主观预测市场（或板块、个股）走势，上不猜顶，下不言底，只根据相应的板块、个股的量价行为去衡量供需格局的力量，让自己站在有利的一方。 （3）赚钱不需要知道也无法知道"未来会怎么走"，只跟随趋势，顺势而为。 （4）看见信号立即行动，没有信号不要猜测，更不要自己创造信号。信号是市场自己走出来的，无论是买还是卖，都让市场告诉你结果，而不是自己的情绪
右侧思维	"左侧思维"就是在还没有看到趋势确立或者逆转时，提前进入交易，可能是通过估值计算已经进入低估区间，也可能是凭自己的感觉，认为下跌了已经足够"便宜"。而"右侧思维"恰恰相反，是已经看到趋势确立或者逆转完成，再进入交易。"左侧思维"是预测思维，"右侧思维"是跟随思维。不要总想在左侧抄底，想买在最低点，而要耐心等待市场自己证明了"最低点"是正确的，再进入交易，这要比单纯地靠"左侧思维"交易成功率高很多，还减少了巨大的时间成本
主线思维	池子（在注册制下的新股超发）不断扩大，资金量不足的情况下，齐涨齐跌的传统性牛市或熊市，越来越难以出现，加之机构持仓时间变短，以及主线的虹吸效应，结构性的主线行情成为常态。识别和跟随主线，我们要找到如下特征： （1）在弱势环境中，个股或板块能率先创出新高。 （2）向上的趋势保持良好，创出新高且有持续性，一般会在短期内不断向上。如果一个阶段不创新高了，就要确认趋势是不是还能保持，或有没有新的主线出来代替了它。 （3）在市场强势，很多板块都能创新高的时候，找出最强的那个板块，它才是这次行情的主线
强势思维和弱势思维	强势思维，是跟随思维，是右侧思维，因为"强"是你能看到的事实，你尊重了事实，利用价格发现机制，选择已经被市场证明了的股（已经涨起来了）；而弱势思维，是预测思维，是左侧思维，当前它走得比较弱，甚至落后于大盘，你之所以选择弱势股，是因为你主观"预测"它会上涨，会后来居上。强势思维，总是能选到被市场验证的强势股，也更容易抓到大牛股，尤其是面对当前市场生态变化的情况，强势思维更容易踏准方向；而弱势思维，总是去选择那些不被市场认可的股，经常会因为一些股所谓的"涨多了"，而错过一些牛股，也经常踏错方向，付出大量的时间成本。强者恒强、弱者恒弱。上涨趋势不言顶，下跌趋势不言底，涨跌一般都会过头，强势思维就很容易把握住上涨的阶段，而弱势思维很容易抄底吃套。强势思维造就强者，弱势思维造就弱者

交易赢家思维模式	描 述
试错思维	"交易是失败者的游戏"。在"失败者的游戏"中，交易者是从一个试错的立场开始交易的，直到这笔交易被证明是正确的以前，交易者始终认为自己是错的。在这个思维模式下，我们的交易将是一次又一次地试错。我们用小的试错成本（在市场不能证明我们是正确的之前，因为止损产生的亏损），去捕捉一波大的盈利。交易者必须学会如何去输，那些每次都输很少钱的交易者，才有可能成为最终的赢家。善输，才能赢
复利思维	不要被某一个阶段性的高收益所迷惑，而要明白两个基本的前提： （1）长期创造高收益的核心是复利。 （2）长期实现复利增长的核心是控制回撤。 如何有效地控制回撤呢？ （1）及时止损，就避免了大的回撤。 （2）只在关键点交易（耐心等待正确的买点），就降低了止损率。 （3）不贪多，不吃"鱼尾"，敢于在高潮时退出
知止思维	何时退出一笔交易，比何时开始一笔交易，更为关键。无论是止损还是止盈，核心都在一个"止"字上。知止，不仅仅是一种交易行为，更是一种心态，体现的是一种不贪婪、知进退的境界；而不知止，就是放任，就是随波逐流，是情绪化的表现。 老子在《道德经》里面讲过："知足不辱，知止不殆，可以长久。"就是知道满足的人不会遇到屈辱，知道适可而止的人不会遇到危险，就可以活得长久。虽然那个年代没有证券交易，但其内容就是交易的最高境界。 韩愈《原道》中有句话："然则如之何而可也？曰：不塞不流，不止不行。"即不停止，就没有办法开始。这一次的停止，是为了下一次的开始
第一时间思维	所有的买入或卖出，第一时间才是最容易的，第一个信号出现的时候，你的心理压力最小，最轻松。如果错过第一时间，后面越涨或越跌，你就会陷入两难，你的心理压力会越大，追涨杀跌的可能性就大大提高
周期思维	万物皆周期，股市也不例外。股价的波动，呈现出明显的钟摆效应，往往从一个极端，走向另外一个极端，周而复始。牛市的时候个股股价可以涨得"鸡犬升天"，公司估值可以扩张到正常情况的数倍；熊市时个股股价又跌得"一地鸡毛"，公司估值低到令人咋舌也无人问津。股价的波动，也是呈现出周期规律的。股价往往是波段式演绎的，需求和供应不断切换身份，当需求主导行情时（供不应求），股价上涨，上涨消耗了需求，随着需求被耗尽，股价开始调整。这时切换为供应主导行情（供过于求），股价下跌，下跌消耗了供应，随着供应被耗尽，供需双方再次切换身份，调整充分后，又开始拉升。这种"物极必反"的周期规律，在市场中无处不在

第 3 章 交易赢家的思维模式

交易赢家思维模式	描　述
全局思维	（1）选股的全局思维：一个符合时代发展潮流，符合政策导向的行业，显然比一个被时代抛弃的行业更有前途。在选股过程中，如果只盯着眼前，看个股本身，而不能契合全局，就无法选到最好的股票。我们在选股中，要有全局思维，从战略高度，选择符合时代发展的、科技和生产力进步的、有巨大空间的行业。用全局思维选股，是一种顺势表现。 （2）对当下走势要有全局思维：技术分析中的全局思维，就是定位当前局部走势在全局走势中的位置，跳出短暂波动看整体，识别出当前处于整体趋势的什么阶段，然后再做决定。具备了全局思维，你就能从容面对波动，而不是"头痛医头，脚痛医脚"。当你具备了全局思维，能从整体走势的角度去看，或从长远发展的角度看，你就能理性地面对。 （3）对于单笔盈亏要有全局思维：当具备了全局思维，再看你的交易体系，结果应该是这样的：单纯地从任何一笔交易来看，其结果都是随机的，因为你买入后是赚钱还是亏钱，是不确定的，但从交易体系的全局去看，长期又是有概率优势的，比如51%的胜率下，做100笔交易，有51笔是赚钱的。如此，你还会为一笔交易的得失陷入精神内耗吗？当你具备了全局思维，看待任何一笔交易，内心都会非常轻松，不会赋予过多的情感寄托，更不会傻傻地拿着一只亏损股等待解套，你会及时按照体系止损点退出交易，然后开始下一笔交易。这种轻松自然地心态，反而有利于做好交易，进退从容自如
鱼漂思维	在交易中，只有出现买入信号时，才值得你下单。市场上每天都有很多上涨的个股，这种诱惑，就像是水里游来游去的鱼，让你应接不暇。但是，只要不符合你的信号，鱼儿没有咬钩或鱼漂不动，本质上和你都没有任何关系。这时，我们要做的事情只有一件，就是耐心等待，等待鱼漂出现动作的信号出现。如果你被每天游来游去的鱼诱惑，而不是聚焦在你的鱼漂，就会陷入胡乱提竿之中，也就是追涨杀跌，到头来你会发现，水里的鱼虽多，但你一条也没有钓到。只盯着你的鱼漂，关注咬钩的鱼，才是交易的大智慧
击球区思维	放弃平庸的机会，耐心等待股价进入"击球区"才挥杆。优秀的投资家、交易者，无一不是善于等待、善于放弃的
"错过"思维	（1）你认为的"踏空和卖飞"都是体系外的机会，只要遵守体系的规则交易，按信号交易，就不存在"踏空和卖飞"。 （2）坦然接受"踏空和卖飞"，内心平和没有任何抵抗，创建一个从容的交易心态，有助于看到真实的市场，也有助于你不带情绪地用平常心面对每一笔交易，这才是"赢家心态"。 （3）谨慎出手，多些耐心，让每一笔交易都符合买入条件和退出条件，一笔一笔去做，做完一笔是一笔，而不是这山望着那山高。市场赚钱的机会很多，要经受住诱惑。机会就像是公交车，错过一班，下一班马上就会到来

第  章

交易体系底层逻辑

"花一秒钟就能看透事物本质的人，和花一辈子也看不清事物本质的人，注定是截然不同的命运。"

——《教父》

4.1　思维模式的具象化

前面讲了交易赢家的思维模式，但是思维模式这个东西，非常抽象，看不见摸不着，仅仅停留在"想"的层面，是远远不够的。这里，我们试着把思维模式落地，形成一个在正确思维模式指导下的行动指南，用来指导交易，这个行动指南就是——交易体系。

交易体系是思维模式的"出口"和"落地措施"。比如前面介绍的，影响交易的一个重要因素是情绪化，但如何避免情绪化，仅仅停留在"思想"层面，是很难彻底解决的。最终，我们就要通过交易体系形成行为规范，来指导和约束我们的行为，这样，情绪化的问题就可以得到有效地解决。

可以说，思维模式和交易体系是相辅相成的，思维模式是思想层面的东西，交易体系是思维模式的具象化，是思维模式的具体表现形式。我们的"知"和"行"，中间就是通过交易体系去维系和连接。

一个完善的交易体系，至少要解决四个具体问题，这四个问题形成了一个完整的闭环：

（1）买什么；

（2）何时买；

（3）买多少；

（4）何时卖。

因为这本书主要讲解思维模式，而不是讲一个具体的交易体系，所以，这里仅从思维模式角度，去分析和理解交易体系。我们把前面讲的各种思维模式，对号入座到交易体系中，看看这些思维模式在对应的交易体系环节中，是如何起作用的。

"买什么"涉及的思维模式

"买什么"是选择交易方向和具体标的的过程，涉及的思维模式有空杯思维、跟随思维、主线思维和强势思维。

在空杯思维下，你会内心开放看待市场，跟随市场的最新变化，和市场保持同步，从而识别机会和风险。在跟随思维、主线思维和强势思维下，你可以轻松识别市场中最强的方向，以及最适合交易的标的。

这四个思维模式在"买什么"阶段，可以使你保持客观，并处在"当下"的心理状态。

"何时买"涉及的思维模式

"何时买"是在确定了交易方向和标的后，选择具体交易时机的过程，涉及的思维模式有右侧思维、周期思维和击球区思维。

在右侧思维下，你会耐心等到信号出现时再行动，而不是提前抄底。在周期思维下，你会保持一定的逆向思维，如在市场狂热时保持冷静，在市场恐慌时保持客观，不会盲目地追涨杀跌。在击球区思维下，你会保持足够的耐心，且在正确的关键点才下单。

这三个思维模式在"何时买"阶段，可以让你保持冷静、客观和耐心，识别正确的交易时机。

"买多少"涉及的思维模式

"买多少"事实上是一种机会和风险的平衡，买的数量太少无法实现很多的盈利，而买的数量太多则意味着更大的风险敞口，涉及的思维模式有试错思维和复利思维。

在试错思维和复利思维下，你不会有"赚快钱"的想法去孤注一掷，更想追求稳健的复利回报，从而将交易规模控制在一个相对合理的范围内。你也不会有"害怕交易"的心理障碍，能从容地面对每一笔交易。

"何时卖"涉及的思维模式

"何时卖"是一笔交易最终要面临的问题，所有的买入，最终都是为了卖出，涉及的思维模式有鱼漂思维、知止思维和第一时间思维等。

在鱼漂思维下，你不会因为怕错过别的机会而卖出当前的持仓，这样就避免了"为了卖而卖"，从而让我们慎始善终地完成一笔交易。在知止思维下，你不会因为贪多而频繁坐过山车，让自己陷入两难境地。在第一时间思维下，你会及时退出不利的交易，从而避免了大亏。

除了在交易体系的四个阶段涉及的思维模式，贯穿始终的思维模式是辩证思维和概率思维，它们渗透在交易的方方面面。当我们能够带着辩证思维和概率思维看问题的时候，就可以看到更多的可能性，而不是"唯一正确"的答案。交易里的很多问题，唯有在辩证思维和概率思维下，才能理解和坦然接受。

与此同时，你还要克服思维定式、线性思维、证实性偏见、后视偏差、锚定效应、有限注意力效应、沉没成本效应、随机收益效应、近因效应和自我归因等思维体模式，它们会时不时地出来干扰你的想法，影响你的交易。

由此，我们也可以看出，想在交易里面成功，到底有多难。很多人穷其一生去寻找成功的方法，也没有找到。事实上，方法只是表象，隐藏在这些表象下的思维模式才是核心。

每一个思维偏见，都是你要翻越的大山；每一个正确思维模式的养成，都是你要跨越的大河。当你翻过了大山、跨过了大河，回头再看交易体系这个表象时，就会发现，原来它是那么简单。

哲学家王阳明曾经讲过，"心外无物，心外无理"。人生如此，交易亦是如此，都是向内寻找答案的过程，所有的答案都存在我们心中。而所有物质的东西，你有或者没有，能不能得到，都不过是我们向自己内心寻找答案的外在表现而已。

4.2　交易体系构建的系统性思维

前面讲了交易体系的四个环节，分别要采用的思维模式。在构建交易体系的过程中，还有一个思维模式非常重要，它可以让我们的交易体系实现底层逻辑的自洽，这就是——系统性思维。

股价运行的四个阶段

这里以股价运行周期为例，讲解系统性思维的重要性。

一只股票的价格运行周期，大致有这么几个阶段（见图 4-1 ）。

图 4-1

（1）第一阶段：长期横盘调整，构筑底部；

（2）第二阶段：脱离底部，进入上行周期；

（3）第三阶段：筑顶阶段；

（4）第四阶段：进入下行周期。

这也是《股票魔法师：纵横天下股市的奥秘》一书中将股价分为的四个阶段。

那么，从图 4-1 中看，你愿意买处于第几阶段的股票呢？很显然，最好做的，也最容易赚钱的阶段，是第二阶段，即股价处于上行周期时。

然而，不仅市场变化多端，扰动太多，而且中间还夹杂着个人情绪的变化，这就很难清晰地看清楚当前个股所处的阶段，或者说即便看清楚了，也很容易受各种突发信息和主观情绪的影响，导致个人会先入为主地对抗个股走势。

有调查表明，大部分人更喜欢买"看起来便宜"的股票。所谓"看起来便宜"的股票，就是通常意义上的"低位股"，这些股往往是一些弱势的、"跌跌"不休的股票。按照上面的阶段划分，这些股一般都处于第一阶段。当股价处于第二阶段时，走势都已经脱离底部了，股价走出了明显的上升趋势。在这个阶段，股价都"看起来不便宜"了。于是，很多人会纠结，在第二阶段，股价已经涨了很多了，再买入是不是不安全了？

这就要引入一个系统性思维的理念，即你到底赚哪一部分的钱。下面，就用底部反转策略、趋势投资和基本面策略，来讲解一下系统性思维对各种投资模式的影响。

系统性思维对各种投资模式的影响

在图 4-1 所示的股价运行周期中，假设一只个股从 5 元/股涨到 10 元/股，再跌到 5 元/股，对任何一种策略来讲，都只能赚其中的一部分钱。其中，底部反转策略赚 5 元/股到 7 元/股的钱，因为底部反转策略，捕捉的就是股价在 5 元/股位置的反转点；趋势投资赚 7 元/股到 10 元/股的钱，因为涨到 7 元/股才能形成趋势；基本面策略可能会赚 5 元/股到 8 元/股的钱，因为 5 元/股的时候低估，当 8 元/股时可能就高估了，但是如果交易者不知道及时退出交易，可能又会跌回到 5 元/股，因为越跌公司越被低估，更不舍得卖出。

由此可以看出，每一种策略，都有存活的空间，赚其中的一部分钱。

这只股票从 5 元/股涨到了 10 元/股，股价都翻倍了，中间给了赚钱的机会啊？但为何还有很多人赚不到钱呢？就是因为自己糊涂或贪心，有些人是不知道自己赚什么钱，有些人则是什么钱都想赚，既想做趋势，又想买在底部且卖在最高点，最终导致什么都没有做好。

其实，交易者赚其中的一部分钱就可以了，哪种策略都给了你赚钱的机会，但关键的是，策略的底层逻辑要自洽、要前后一致，策略的"入口"和"出口"要匹配。简单来说，基本面策略更加看重估值，在"低估"时买入，那么，卖出的理由就是"高估"，这样才能前后一致，趋势不应该是你考虑的问题。而如果交易者进行趋势投资，那就要等趋势确立时才能入场，在趋势终结时就要退出，千万不能在趋势终结时去考虑估值，然后认为估值便宜又觉得可以继续持有，这样就前后矛盾，导致策略最终无法执行。

如果你做趋势交易，那么交易体系会帮你识别出适合的趋势，要顺势而为，自然不可能买在最低点，因为股价在最低点附近时显然是没有形成上升趋势的（因为在最低点的时点，无法自证是最低点，只有后面股价涨起来了，有了参照和比较，才能证明前面的位置是最低点）。只有趋势走出来了，才能确认趋势，因此趋势投资必须舍弃掉"鱼头"，否则就不是趋势投资。舍弃"鱼头"，是交易体系的一部分。如果想做趋势，还想买在最低点，就是缺乏系统性思维的表现，这里存在巨大的逻辑漏洞和前后矛盾的地方。

从本质上来讲，交易思维和投资思维有很大的差异，只看其中的一部分，甚至混淆条件，你心中就会充满了矛盾，无法形成一个有效的体系。

从交易思维来讲，只需要具备概率优势，不需要所谓的牛市环境。也就是说，不管市场怎么走，只要在你操作的时间周期内，上涨概率大于下跌概率，都是适宜的环境，理解不了这一点，脱离了概率，就很难做好交易。而只要具备这种思维，机会时刻都有。做交易并不需要稳定的牛市环境，当然，在牛市环境中，概率优势会大大提升。只要把握住短期概率高的位置，都可以实现盈利。而投资的思维，更多的是聚焦在个股本身，更多考虑的是公司本身的基本面情况，等待公司成长，这就决定了投资思维一定是偏中长期的，因为时间太短，公司基本面很难有大的变化，这就和交易思维有一定的偏差。如果把交易思维和投资思维混淆，没有做系统性的思考，心中就很容易产生矛盾。

从控制回撤的角度来看，基本面投资和趋势投资，亦是如此。

做基本面投资的，大部分人不太控制回撤，也不设置止损点，因为做基本面投资的口号是"和企业一起成长"。如果想不参与回撤，则很难抓到长牛股。因此，做基本面投资的结果，是收益经常随着行情的波动大幅起伏，即便很优秀的个股，其收益也受行情影响出现波动，这是做基本面投资的人需要承担的成本。所以，在遇到极端行情时，基本面交易者要承受巨大的回撤压力，即便是贵州茅台这种长期的大牛股，个别年份也有回调 40% 的时候。

这是基本面投资的基本思维模式，不设置止损点，忍受短期波动，换来长期和优秀企业一起成长的结果。

而做交易的人，核心是控制回撤，需要严格执行止损操作。交易的底层逻辑，就是"止损持盈"，即让正确的交易盈利的钱，能覆盖错误的交易亏损的钱。如果不止损，任由亏损扩大，违背了"止损持盈"的原则，就很难成功。

如果做基本面投资，要考虑估值和位置的高低，因为你的策略里面没有止损保护，买在相对低估或低位就是你的安全措施。而如果你选择交易策略，还需要考虑估值吗？还需要买在最低吗？不需要。你只需要买在正确的位置（有概率优势的位置）就行了，也就是抓住每一个关键点。因为你有止损保护，所以所谓的高位和低位，就是伪命题，无论你在哪个位置买入，你都知道可能亏损多少，因为买入前，你就界定了损失（制定了止损位置）。你只需要买在概率对你最有利的位置上，如果买入后股价持续趋势上升，没有明显的加速迹象，就可以一直持有；如果市场证明你错了，就立即止损退出，这里没有主观的"目标位"，都是市场在告诉你，该走还是该留。

那么，到底该不该设置止损点呢？止损这个操作对吗？其实，并没有标准答案（结合前面讲的"辩证思维"理解），要看具体的策略。对于基本面投资策略来说，不设置止损也没什么，但对交易策略来讲，没有止损就无法成功。这就是系统性思维，而不是单纯地、孤立地拿出一个点来看，脱离了体系和环境，去讨论一个点的对错，是毫无意义的。

趋势投资该思考什么，基本面策略该思考什么，以及其他任何一种策略该思考什么，都要系统性地思考，然后系统性设计构建条件，这些条件之间要自洽，不能出现相互矛盾的情况，否则就没有一致性的执行原则。比如，基本面投资认为在最低点时估值低，这是你的条件，是符合你的体系的，你可以买入，而趋势投资认为在最低点时无法确认趋势，不符合条件，是不可以买入的，基本面投资可以不考虑止损点的设置，但是做交易不考虑止损点就不行。如果不能系统性地去思考这些问题和条件，不做取舍，就没有一个一致性的执行标准。到时候很可能出现交易者一会儿采用估值模式，一会儿采用趋势模式；一会儿认为要止损，一会儿认为不必止损等，它们之间相互矛盾，会导致你精神分裂，最终无所适从，怎么可能赚到钱呢？

构建系统性思维

大部分交易者赚不到钱，就是缺乏系统性思维能力，单纯地在某一个点（比如是否止损）上纠结，而没有站在更高一层上全盘考虑各种条件之间的自洽关系。

因此，这里就可以引出一个结论，交易体系最大的作用是给信号分类和过滤，帮我们在多变的市场中，识别出符合自己认知的交易信号，放弃一些不能理解的机会。同时，上面通过对比基本面策略和趋势投资（交易）的差异，来说明构建体系的时候，要具备系统性思维：

（1）一个充满矛盾和互斥条件的体系是没有办法执行的，系统性思维是构建交易策略的核心思维，让你站在更高一层思考体系中各个条件的自洽关系；

（2）无论选择什么体系或策略，入口和出口要一致，不能存在逻辑漏洞（比如做趋势投资还想买在最低点，跌破了趋势又去考虑估值等）；

（3）在没有找到一个稳定的赚钱方法前，不要多策略并行，因为不同的方法中，有些条件是矛盾的，最好是先坚持一个方法，熟练运用后再尝试其他方法，而不是在多种方法之间左右摇摆。对大多数的交易者来说，一条路"走到黑"是最好的选择；

（4）任何方法或体系，都是赚特定区间的钱，也都有其存活的空间和不应期，系统性思维决定了我们不仅要看到策略的优势，也要坦然接受策略的成本，否则在困难时期，会导致你自我怀疑，从而没办法坚持下去。

（5）既然体系帮助交易者对交易信号进行了分类和过滤，选择一种体系，就意味着要放弃另外的体系，即放弃一些体系外的赚钱机会，这时要坦然接受，因为你不可能赚到所有的钱。

系统性思维就像是交易者站在一个更高的高度去审视自己的行为和交易策略的全貌，让自己看得更清楚。很多人陷入细节无法自拔，导致无论怎么努力也无法改变现状，很可能就是因为你想的事情和做的事情是相互抵触的，单独拿出来看仿佛是对的，但放在一起就出现相互矛盾的结果，唯有跳出来思考才能看明白，从而找到正确的解决方案。

这就是系统性思维，也是实现交易体系自洽的最底层思维。

4.3 股票定价原理

一只股票，当前价格是 10 元/股，但为何是 10 元/股，而不是 5 元/股或 15 元/股呢？谁在给它定价？

股票是如何定价的

关于股票定价的理论，市面上有非常多，主流的有市盈率定价、净资产定价、未来现金流折现定价、成长性定价等。

这几种定价方式，本质都是在通过一个指标或者方式，去衡量这只股票未来某个时间点的真实价值。也就是说，所谓定价，是在测定（预测）价值，而非价格。比如，按照市盈率定价，当前一只股票市盈率只有 10 倍，行业普遍市盈率为 20 倍时，说明这只股票被低估了，市盈率未来有修复到 20 倍的可能性，即股价有翻倍的空间。再比如，按净资产定价，一家公司当前市值为 50 亿元，但净资产就值 100 亿元，说明市值未来有可能修复到 100 亿元，即股价有翻倍的空间。

这些定价方式，本质都是从股票本身的价值出发，寻找股票当前价格和真实价值之间的差异，或者说寻找当前价值和未来价值之间的差异，如果存在这种差异，就给了投资者赚取差价的机会。

这就是原始的经济学理论——价格围绕价值波动。只要有价差，就有盈利空间。

这也是基本面投资者给股票定价的核心原理。无论什么方式，只要研究股票的基本面，逻辑就是测定真实价值和当前价值的差异，从而寻找价差。

但这里有两个问题：

（1）一只股票的真实价值，是很难被精准衡量的，因为它并不是一成不变的。你认为它被低估了，但它为何被低估？之所以被低估是不是本身就是价值的真实反映？毕竟，很多个股被低估都是有原因的。

（2）假设你判断对了，这只股票确实被低估了，价格远低于真实价值，虽然它被低估了，但如果一直没有人买，它如何实现估值修复呢？股票到底是因为价格低于真实价值才必然修复，还是因为有人买入才实现了修复？

带着这两个疑问，我们进入下一个问题。

谁在驱动股价的变动

一只股票，从 10/股涨到 15 元/股，或者从 10 元/股跌到 5 元/股，是什么在驱动股价的变动？这是投资者要搞明白的一个问题：股价是基于什么原理变动的？到底是有规律的还是随机波动的？

有人说，股价变动，是宏观经济好、货币宽松、基本面好、业绩好等，因为这些因素都可以驱动股价上涨。

是的，从宏观角度，我们经常会听到经济学家讲"股市是经济的晴雨表"，股市涨跌反映的是经济周期的变化。经济周期分为繁荣、衰退、萧条、复苏四个阶段，那么，在复苏和繁荣阶段，股市往往表现较好；在衰退或萧条阶段，股市自然表现不佳。股市还受货币政策影响，在流动性好（央行"放水"）的时候市场上的钱多，股市容易上涨；在流动性趋紧的时候市场上的钱少，股市容易下跌。

宏观层面的因素对投资有没有意义？当然有意义，关键是看你选择的投资策略（参考系统性思维）。如果做长线投资，踏准经济周期或货币周期更容易盈利。大家都知道股神巴菲特的投资非常成功，巴菲特自己也说过，他是因为生在了一个好时代。巴菲特的职业生涯，正是美国经济高速发展的几十年，所谓国运。而巴菲特的老师格雷厄姆就没这么好的运气，他在 1929 年开始的经济大萧条中因为过早抄底而最终破产。

可见，宏观层面的一些经济周期等因素，和股市涨跌是有一定关联性的。

然而，一个完整的经济周期可能需要几年，甚至几十年才能完成。即便是处于经济周期中的繁荣阶段，股价也不是一直在向上，它也会经历高潮和低谷。仅看宏观经济环境或基本面因素，你无法解释一个问题：为什么即使宏观环境非常好，股票的基本面非常优秀，股价也会有下跌的时候？

要想解释这个问题，必须理解驱动股价变化的根本因素是什么。

不管经济周期是处于繁荣期还是萧条期，宏观环境如何变化，股价都要从人们的买卖行为上体现出来，这也是推动股价变化的唯一因素。即使经济再繁荣，货币政策再宽松，如果没有人愿意交易，股价依然会持续低迷。只有人的买卖行为，才会导致股价变化。可以这样理解，宏观环境及公司基本面仅仅是投资者是否愿意购买股票的一个原因，而并非本质因素。宏观环境好，或基本面好的个股，人们更愿意交易，央行"放水"（即货币政策宽松），人们就有更多的钱买入股票。所以，推动股价的并非宏观环境和基本面，而是人的交易行为。

有的人买入股票是因为经济环境好或股票基本面好，有的人买入股票是因为某一个政策影响或个股业绩出色，有的人买入股票是因为个股趋势好或跟风，无论买入的理由是什么，买入的投资者，都在用自己的实际行动推动股价变动。当买入的数量（意愿）大于卖出的数量（意愿）时，想买入的人必须通过竞争才能买到，因价高者得，就推动了股价上涨。即无论买入的理由是什么，股价的上涨，都要通过买入的数量（意愿）大于卖出的数量（意愿）来体现。

股价及其代表的市值并非公司的真实价值，而是公司价值的一种外在表现形式。对同一个公司，不同的人对其真实价值到底值多少都有不同的看法，有人认为值 10 元/股，有人认为值 15 元/股，也有人认为只值 5 元/股，正是大家对其真实价值的分歧，才产生了交易行为。如果大家都认为真实价值就是 10 元/股，当前价格也是 10 元/股，即价格等于价值，没有价差，还会有人交易吗？

在资本市场上，你出价 10 元/股卖出，如果有人愿意以 10 元/股买入，那么股票在当前这个时点就值 10 元/股，这个 10 元/股到底是不是反映了真实价值，其实并不重要。

如果买的人只愿意出 5 元/股，而你只愿意 10 元/股卖出，那股票就没有办法成交，股价也就没有了涨跌变化。你认为股票真实价值是 10 元/股，但没人愿意买，就说明别人不认可这只股票的真实价值为 10 元/股，此时，你认为的真实价值，重要吗？

如果你出价 10 元/股卖出，有买家愿意以低于 15 元/股的价格大量买入，他收购了你和其他人手中的股票，就可以把股价推动到 15 元/股。至于他愿意 15 元/股买入的原因是什么，在这里并不是关键因素，可能是因为看好股票未来的空间，也可能是因为他知道了一条内幕消息。总之，他的出价购买行为，推动了股价的上涨。请问，这里的股票真实价值，到底是多少？是 5 元/股、10 元/股还是 15 元/股？

这样来看，股票的真实价值，需要人承载（承认）才有意义，否则，就是一个虚无的东西。而每个人心里都有一杆秤，对真实价值的判断并不相同，大家都在用自己的行为给这个"真实价值"投票，即卖出的人认为当前股票不值这么多钱，买入的人都认为未来股票会更值钱。

股价上涨的动力

从以上内容可以看出，股价变化的推动力来自哪里了吗？来自投资者的行为。推动股价向上的力量来自拥有现金的人，是他们对股票后市走势的乐观看多预期产生的买入行为；推动股价向下的力量来自拥有股票的人，是他们对股票后市走势的悲观看空预期产生的卖出行为。至于他们为何乐观或悲观，并不需要我们去深究。

股价经过一段时间的上涨，自然就消耗了乐观看多的这部分人的现金，当该买入的都买了，需求就被透支。反之，股价经过一段时间的下跌，自然就消耗了悲观看空的这部分人的筹码，当该卖的都卖了，供应就被透支，在这些时刻，供求关系就出现了变化，从而影响股价发生变化。

这里有几个核心点，持有现金的人、持有股票的人、乐观（看多）预期、悲观（看空）预期，这些叠加在一起，构成了供求关系。

所以，和其他商品一样，股价变动最简单，也是最基本的原理，就是供求关系——在特定的时间周期内，供不应求，股价上涨；供过于求，股价下跌。这个特定的时间周期，代表了你观察市场的时间周期，以及操作的周期。如你做短线投资，就观察分时线上的供需变化；如你做中长线投资，可能就需要观察周线、月线上面的供需变化。

至于是经济周期处于繁荣期、个股基本面良好，还是政策变化等原因导致的供需格局变化，根本就不重要，这些原因可能是交易者买入的理由，但股价最终要上涨，就会体现在需求的强劲上，需求（买入行为）压倒了供应（卖出行为），即想要买入的人多，要出高价才能买到，就会推动股价上涨。

反之亦然。

我们要建立一个基本的认知，供求关系，是股价运行的最基本原理。

4.4 交易的第一性原理

前面讲了股票的定价原理，这里再讲一个交易的核心理论——交易的第一性原理。

第一性原理，是一个物理学专业名词，广义的第一性原理计算指的是一切基于量子力学原理的计算。第一性原理就是从头计算，不需要任何参数，只需要一些基本的物理常量，就可以得到体系基态基本性质的原理。

两千多年前，亚里士多德对于第一性原理是这样表述的："在每一系统的探索中，存在第一原理，是一个最基本的命题或假设，不能被省略或删除，也不能被违反。"

关于第一性原理，埃隆·马斯克曾讲过："我相信有一种很好的思考架构，就是第一性原理，我们能够真正地去思考一些基础的真理，并从中去论证，而不是类推。我们绝大多数时候都是类推地思考问题，也就是模仿别人做的事情并加以小幅更改。但当你想要做一些新的东西时，必须要运用第一性原理来思考。"

可以这样理解，第一性原理是事物的源头，即打破一切束缚，回归到事物本源去思考基础性的问题，在不参照经验或其他参数的情况下，从物质世界的最本源出发解决问题。

总的来说，在第一性原理思维模式下，解决任何事物，首先要找到事物的第一性，然后再从本源出发，逐步论证。这样就绕过了复杂的衍生参数，使事物简单化，大大提高解决问题的效率，以及提高成功率。

从上一节的股票定价原理可以看出，导致股价变化的最根本因素是供求关系。无论股价因为什么原因上涨，都是因为在当前价格上买入的人多卖出的人少，买入的人需要出高价才能买到。反之亦然。

股票和所有的商品一样，有商品属性。在某一个价格位置上，如果大家都不愿意卖出，则供应量稀少，而同时买的人多，自然需要出高价才能买到，价格就上涨了。至于你买的原因是价值、指标、低估，还是成长性等，都不是最重要的。重要的是供不应求，其产生的结果就是价格上涨。反之亦然，价格下跌的原因是供过于求。

这就是股价变化的第一性原理：供求关系。所有的走势变化，都是供求关系变化的结果。价格变化的本质，是供需不平衡。

面对股价的涨跌，回归到第一性原理去思考和解决问题，就会发现，其他衍生出来的指标（如K线），都是多余的，它们只会让问题更复杂。

为何我们经常会在市场中感到迷茫和无所适从？就是因为我们考虑得太多，如宏观因素、政策因素、基本面因素、突发利好利空、各类技术指标等，很多条件相互矛盾，导致很难做出清晰的交易决策。

我遇到过很多交易者，订阅了非常多的信息推送，比如财经新闻、个股信息、研报等，到最后发现，这些信息不但没有让他思考得更清楚，反而让他更焦虑，因为不知道哪个信息更权威、更准确，导致特别容易分心。后来，在我建议下，他仅保留了一个重要的信息源，把其他的订阅都停止了，然后回归到供需格局中思考，通过形态选择趋势向上或符合买点的个股，然后再去看这些个股的信息，包括研报、大事件、财务报表等，这样，不但精准度更高，效率也提高了很多。

我们要理解，无论发生了什么变化，最终都要反映到供需格局的变化上。出现了利好导致上涨，会反映在需求强劲上，买的人多，股价就会上涨；反之亦然，出现利空导致下跌，会反映在供应强劲上，大家都想卖出，没人愿意买入，股价自然下跌。另外，供需关系还会识别市场是不是真的对利好利空做出了反应。如果出现一个利好，市场不涨反跌，说明什么？说明资金并不买账，反而利用利好出货，这些都会体现在供需格局的变化上，这是你分析基本面无法达到的效果。

另外一点，持续的供需不平衡，会产生趋势。上升趋势的形成，是因为当前价位的股票供不应求。其中，原因有很多，既可能是市场资金量太多，也可能是经济增长，还可能是因为当前处于牛市中，或者是基本面出现了向好迹象（比如业绩超预期）。下跌趋势的形成，亦是如此。总之，持续的供需不平衡会产生趋势，直到出现一种力量打破这种不平衡，趋势也会因此改变。

这也是我们做趋势股会获得概率优势的原因。

"K线融合一切信息"这句古老的话，是非常有道理的。

当你理解了第一性原理，就会发现，股价涨跌的原因根本不重要，只关注结果就好了。你认为的逻辑（原因）再好，股票基本面再好，但结果却不涨反跌，请问，是你的逻辑重要，还是走势重要？是坚持己见重要，还是跟随市场重要？

总之，供求关系，供需格局的变化，才是交易者要重点研究和分析的重要对象。

我们只要衡量清楚，在某一时点上，需求和供应哪一方力量更强，然后跟随即可。当需求压倒供应时，就会推动股价上涨，在这里做多就有概率优势；反之，当供应压倒需求时，在这里做多就容易亏损，选择回避等待即可。

这也是交易体系获取概率优势的底层逻辑。

4.5 价格发现机制

继续与大家探讨"价格"的普遍规律，先说生活中的一个常见案例。

有一天，我女儿的朋友和她妈妈到家里玩，两个孩子做游戏，她妈妈和我爱人闲聊买什么样的西瓜好吃，怎么挑选西瓜等。

我随口插了一句：不要这么麻烦，直接买最贵的，最贵的最好吃！

从表面上看，这是男性和女性思维方式的不同，但实际中，里面隐含了一个关于价格的普遍规律——好的东西，一般都比较贵。生活中，物美价廉的东西不是没有，但是太少了。如果一个东西质量又好，价钱又便宜，那么它很快就会被价格填上（供不应求导致价格上涨）。价格是非常好的分层工具，好的东西，都已经通过价格给你分出来了。

走势是最好的选股工具

联系到投资市场，也是如此。真正好的个股，一般情况来说，都会通过走势区分出来，既便宜又好的个股，其实很少见，除非是市场极端下行情况下的普跌，导致泥沙俱下，好股被错杀，而市场一旦回暖，又会通过走势（资金）把好股区分出来。

这就是"价格发现机制"。"价格发现机制"的传统定义来源于期货市场，特指通过公开竞价而形成的，能够表明现货市场未来价格变动趋势的功能与机制。

通过"价格发现机制"，可以识别市场的某种运动规律。证券投资，本质是在交易预期，即是对未来走势做出预期反应，然后用资金去投票。我们之所以愿意买一只股票，是因为预期这只股票走势会变好（纵向比），或比其他的股票好（横向比），如果你明明知道这只股票未来会越来越差，或在同行业中是最差的，你肯定不会买。

在大熊市中，泥沙俱下，几乎没有个股可以幸免。在熊市过后，市场慢慢复苏，摆在你面前的一只是增速非常高的、高景气方向的优质个股，一只是毫无亮点的、业绩亏损的个股，你会选择哪只呢？你会选"好股"。所以，"好股"会率先复苏，先于市场上涨，这是"价格发现机制"在起作用。

在价格发现机制下，相同的条件，聪明的资金一定会选择在比价效应下更有"价值"的目标，填平所谓的价值洼地，促使价值回归，这些都会体现在"价格"的变化上。当你理解了这一点，就会明白，在"价格发现机制"的逻辑下，走势就是最好的选股工具，价格（走势）会自动把股票分出来"好坏"。

当然，有人会找特例反驳，如很多食品通过虚假包装或杜撰一个好听的名头进行价格炒作，但实际上并不一定好吃，垃圾股有时也会被炒作，但它本身并不是"好股"，这些案例并不能体现"价格发现"的功能。所以，这要回到概率思维去理解，通过辩证思维去思考，脱离辩证思维，在市场中寸步难行。

我们可以这样去理解，即在先于市场上涨的股票群体中或上升趋势中选到好股的概率更大，在价格高的商品中选到好东西的概率更大。这是一种普遍现象和规律，但并非真理。用辩证思维，就很容易理解，时间越久，样本越大，"价格发现机制"起作用的概率也越大。

当理解了"价格发现机制"的原理，很多人经常疑惑的问题就有了答案。这个问题是：到底是该买已经走出强劲趋势被市场证明了的个股，还是买那些看起来位置更低的、更"安全"的个股？

很明显，在"价格发现机制"下，在走势更强的个股中选中好股的概率更大，而所谓位置更低的个股并非更"安全"，反而隐含各种问题的概率更大。

谁在驱动股价的变动

然而，一个悲哀的事实是，因为人性特点，有占"便宜"的偏好，导致大部分人更加喜欢关注"便宜"的、"还没涨"的个股，不知不觉地去选择位置更低、看起来更"安全"的个股。根据欧奈尔的调查，98%的人不喜欢买入新高附近的强势股。而实际情况往往是，那些创新高的股票会不断创出新高，即强者恒强，没有最高，只有更高；而那些看起来位置"安全"还没涨的落后股票，却弱者恒弱，没有最低，只有更低。

这是很多人非常难以扭转的思维，所以，希望大家从今天开始，在理解"价格发现机制"的原理后，选股思维能有所改变。

当然，并不是所有的落后股票都没有机会。

如果整体市场很强，在前排的"好股"涨了一段时间后，位于后排的个股就有了机会，所谓"补涨"。这里面的逻辑依然是"价格发现机制"在起作用，因为前排的个股涨得太多，价格太高，使得溢价也太高，位于后排的个股体现出"价值洼地"效应，资金开始流入洼地，把其填平。

所以，市场一般的上涨顺序如下，"好股"先涨（被价格发现），后排个股补涨要等"好股"拉出空间，等后排个股都涨了一遍，行情就接近尾声了，这时调整（普跌）开始，然后再一次轮回。

板块也是如此。在一个板块中，逻辑强大的优质龙头股会先涨（被价格发现），等龙头股涨到一定的高度，打开空间后，资金开始挖掘位于后排的个股机会，当板块里面的二三线个股都涨了一遍后，洼地都填平了，板块差不多就见顶了。至少要等到调整后，才会重新开始一轮。

当我们理解了这个规律后，就可以把这个现象作为市场和板块见顶（调整）的一种预兆。

从整体市场角度讲，当领先板块涨完一轮，市场内的逻辑较弱的板块个股股价都开始满天飞时，往往就是市场的高潮期，也是调整的前兆；从板块角度讲，当优质龙头股都涨了一遍，二三线个股都被挖掘后，就是板块调整的前兆。

"价格发现机制"下的普遍规律

虽然其并不能精准预测见顶或调整的时间，但可以作为一个观察线索，然后结合量价行为，提高判断的准确性。

简单来说，在"价格发现机制"的作用下，市场会有一种普遍的运行规律：

（1）走势是最好的选股工具；

（2）"好股"先被价格发现，往往会先于市场上涨；

（3）落后个股的"坑"更多，往往隐含了很多基本面方面的问题；

（4）"好股"打出空间，位于后排的个股有补涨需求；

（5）后排的个股补涨，填平"价值洼地"，往往是市场或板块见顶（或调整）的前兆。

请记住，用辩证思维思考，这些是普遍规律，但并非绝对真理。从交易的角度来看，交易者投资股票只需要有概率优势就足够了，而这些规律已足以帮助我们建立概率优势了。

更重要的是，不要简单地把"价格发现机制"理解为是一种模板，它本质是一种思维模式。在这种思维模式下，无论是在交易还是在生活中，都会让你发现更加优质的东西，从而防止掉入"贪便宜"的陷阱。

4.6 交易的第一目标

很多交易者来到市场，直接跳过"生存"问题，满脑子都是赚大钱、抓大牛股的想法。然而，历经风雨后，市场终究会让他明白，"赚钱"并不是最先考虑的事情，"活下去"才是。

市场上有很多天赋很高、技术也很好的交易者，最终却没有好下场，他们赚钱的时候很风光，然而遇到一次意外，就导致折戟沉沙，无法翻身。可以说，进入交易的世界，"意外"总是伴随着我们，你不可能总是一帆风顺，市场更不可能总是按我们的想法走，终究会遇到一些无法预知的变化及重大挫折（如 2010 年美股的数次熔断、2020 年原油期货跌到负值等，都是超出现有认知范围的，让很多人的财富一夜归零，见图 4-2 ）。而最终的长期赢家，从来不是那种一味追求暴利的人，而是谨小慎微将风控放在首位的人。

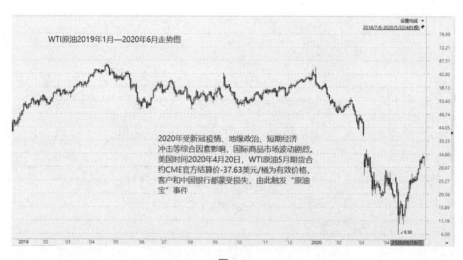

图 4-2

所以，交易者一定要树立一个重要的思维，即交易的第一目标是生存。

当你有了这个思维后，就会谨慎对待每一笔交易，在事前、事中和事后，都把风险放在首要位置，在不确定性事件中，如出现意外时，首先想的是"活下去"，从而会下意识地保护自己，这也是"风险优先"原则。即在出现风险时，第一个想到的是控制风险，而不是心存侥幸地寄希望于事件好转。

控制风险有以下几种方法。

（1）事前控制风险：包括制定交易计划、应急预案、适度分散，不把鸡蛋放在一个篮子里等；

（2）事中控制风险：包括避免逆势交易和重仓押注，当出现意外或走势不及预期时，要坚决止损，保留实力，等待下一次机会等；

（3）事后控制风险：对自己每一笔交易进行回溯和分析，尤其是对一些做得不好的交易，制定整改措施，防止下一次再犯。

不可否认，无论你技术再好，基本面分析再无懈可击，面对市场上的不确定性，终究有错的时候。这个错误可能是市场的突然变化导致的，也可能是自己情绪化的知行不一导致的。而错误，是市场给你的反馈信号，如何面对错误，不同的交易者有不同的应对方法，这也区分了交易者的层次。有的人会迅速纠错，控制风险；有的人认为自己没错，而是市场错了，选择逆势死扛。当交易者在事前、事中和事后都能把风险控制放在首位时，就不会心存侥幸地去赌，总能从不利的交易中迅速脱身，掌握自己的"生存权"。

在交易中，市场的走势、他人的行为是我们无法控制的，唯一能控制的只有自己的行为。以我自己来说，每做一笔交易，如果做错了，我知道会亏多少钱，也就是说，所有的持仓，在没有突发系统性风险的情况下，我都知道极限亏损幅度是多大。

什么意思呢？就是在交易前，我能赚多少钱，我不知道，但能亏多少钱，是事先界定好的。换句话说，在买入前就确定了退出（止损）价格。这样，你就知道，如果做错了，最多会亏多少。需要注意的是，这是在买入前就制定好的，而不是在盘中临时制定的。因为买入前没有仓位，是头脑最清醒的时候，而在盘中，要做的任务只有一个，就是执行。否则，你在盘中会犹豫不决，导致止损失败。换句话说，事先界定的退出价格，是你的成本。你愿意承担这个成本，去捕捉一波趋势，或者一个波段。

假如你准备以 10 元/股的价格买入一只个股，在买入前就要想好，如果市场走势和预期相悖，在哪个价位退出？也就是制定止损价。如准备在 9.5 元/股处退出（止损价就是 9.5 元/股），每股承担的成本就是 0.5 元。这样，你的风险就是已知的、可控的，只需要承担这个已知的风险即可。市场会用一个价格证明你错了，就是这里的 9.5 元/股。如果后面市场跌到 9.5 元/股，没必要死扛，而要立即退出等下一次机会。如果你总这样做，就不会有大亏，只要抓住一波趋势就会覆盖所有成本，概率优势会给你长期稳定的回报。

以上是从个股的角度来看，这里再延伸到仓位管理的角度去看。假如你的总资金量为 100 万元，准备以 10 元/股的价格买入这只个股，止损价格设置在 9.5 元/股，这一笔交易你愿意承担总资金 1%的风险，即最多亏损 1 万元，那么，你应该买多少股？计算方法如下：

1 万元/（10 元/股–9.5 元/股）=2 万股

如此，你持有这只个股最多就是 2 万股，即 20%的仓位（20 万元），当这只个股下跌 5%到 9.5 元/股的时候，会触发你设置的止损价，你按纪律要退出交易，即这笔交易最多亏 1 万元，也就是总资金量的 1%。

这就是以损定仓的原则，即用亏损幅度反推，来确定你的仓位。

这些属于事前控制风险的范畴，都要列入交易计划。当风险（亏损的额度）被事先界定，在市场没有出现意外的情况下，风险都是可控的。而在事中，你的任务就是执行计划，当市场走势触发了止损点，你不必再去思考，直接退出交易即可。

当然，有交易者会说，止损了万一后面又涨起来怎么办？市场中常有这种情况，可能很多人遇到的次数还不少，这也是很多人不止损的原因。但交易者要明白，这是市场给你的陷阱，鼓励你不执行止损。终究有一天，你会遇到一次、两次涨不起来的个股，导致你越陷越深。这就是前面说的，一次大亏，足以让你伤筋动骨，甚至很难翻身。再联系复利效应这一节的内容，就会明白，积累复利的核心是控制回撤，当你没有了大亏，复利效应的威力才会慢慢显现，让雪球越滚越大。

在"风险优先"的原则下，首要考虑的是控制风险，而不是"卖错了怎么办"。"风险优先"的原则让你把主动权抓在自己手里，主动控制风险，而不是任由市场波动。

一位交易大师曾经讲过：

"我认为优秀的交易者还必须是一位悲观主义者，至少应该悲观地看待每一笔单独的交易。过于乐观会变成一厢情愿，这对交易者来说没有一点好处。我所关注的，而且我认为每位交易者都必须关注的是——风险。"

因此，交易者一定要树立"交易的第一目标是生存"的信念和思维模式，它会让你时刻用"风险优先"的原则看待每一笔交易。

《海龟交易法则》里面有一句话，讲的就是"生存"在交易中的重要性：

"一个期望值为正的系统或方法，早晚会给你带来财富，有时候是你做梦也想不到的巨大财富，但这一切有一个前提条件，你必须留在游戏中。"

4.7　交易的一致性原则

在建立了交易体系之后，重要的是做到"一致性"，这一点非常关键，也是制约很多人无法成功的核心因素。

为什么交易的一致性原则如此重要

下面举例说明为何交易的一致性原则如此重要，相信很多人遇到过类似下面的情况：

- 自己当前在用趋势策略，等趋势确立时入场，等趋势终结时退出，但发现经常出现跌破趋势又折回的"错误信号"，感觉不如拿着不动好，于是转变为持股不动的策略。当开始长期持股时，遇到市场大跌导致大亏，又认为应该尊重趋势，回到趋势策略。随着市场环境的变化，不断地转换策略，左右摇摆。
- 今天认为止损很重要，第二天发现止损的个股反而大涨，又开始后悔，"早知道不止损了"。当开始不止损时，遇到了大亏，又认为止损非常重要，在"止损"和"不止损"之间左右摇摆。
- 今天认为依据"10日均线"买入比较可靠，明天发现依据"20日均线"再买效果更好，在"10日均线"和"20日均线"之间左右摇摆。
- 今天用KDJ指标，明天用BOLL线，后天用MACD，在各种指标之间左右摇摆。

为什么这些问题会出现在我们身上？答案是，"主观拟合"这种想法占了主导位置，导致在事后拼命寻找证据，去拟合市场走势。然而，市场上存在着无数种可能性，只要需要，总能找到支撑你想法的证据。

举个简单的例子。

你的策略是依据日均线判断趋势和机会，规则是，当个股股价站上 10 日均线时，出现买点；当跌破 10 日均线时，退出交易，这是一个非常简单的趋势跟随策略。某一天，一只个股股价站上 10 日均线，符合买点，你开始买入。但没过多久，市场风云突变，买入的个股股价跌破了 10 日均线，按照纪律应该坚决退出。但这时，侥幸心理占据上风，你说服自己："没关系，还在 20 日均线以上，等跌破了 20 日均线再止损。"

也许你十分看好这只个股，如基本面很好，但事实上呢？事实是它的股价跌破了 10 日均线，触发了退出条件，你没有按照规则退出。你的"主观想法"占据了上风，没有尊重"跌破 10 日均线"这个客观事实，开始拼命找理由拟合自己的主观想法。

假设后来这只个股刚跌破 10 日均线没多久又涨起来了，这时你非常庆幸在跌破 10 日均线时没有止损，否则这笔交易就亏钱了。单纯地看，因为没有执行"当跌破 10 日均线时，退出交易"的止损纪律，这一笔交易你没有亏损，甚至赚钱了，但给你长期的失败埋下了伏笔。

这就是市场让人迷惑的地方。有时你按照规则交易，出现了亏损；有时你违反了纪律，反而可以赚钱。市场在不断地鼓励你违反自己的规则，最终导致你没有一个可以依据的原则或规则根本无法顺利执行下去。当跌破 10 日均线时，你可以找 20 日均线，如果再跌破 20 日均线还可以找 30 日均线，如此没有止境地往复循环。就像前面讲的，只要你需要，总能找到"有利"的依据去拟合自己的想法。

什么是交易的一致性原则

什么是交易的一致性原则？简单来说，包括下面两点：

（1）方法前后一致，不能随意变化，不能风格漂移。

（2）买入是什么理由，卖出也必须是什么理由，即入口和出口保持一致。

另外，不要认为交易的一致性原则，仅适用于短线交易，这是一种误解。无论是价值投资，还是趋势投资，乃至任何一种投资策略，都要坚持上面的两点，否则，根本不可能成功。

做价值投资，基于对基本面和成长性的分析来操作，那么，只要公司的经营管理没有改变，公司价值处于合理或低估水平，没有触发退出条件，就应该一直持仓。不能因为今天该公司的股价走强了，激情买入，明天股价走弱了，激情卖出。股价走强或走弱，不是你买卖的理由，这些事不值得你烦恼。甚至，对一个价值投资者来说，他的投资思维里不应该有"强""弱"之类的词语。

如果做趋势投资，则基于你的原则，趋势确立入场，趋势终结退出，只要股价在某个价格之上，或趋势完好，没有触发卖出规则，就应该持仓。当股票的价格在某个价格之下，或趋势变坏，就应该坚决退出。这时，你千万不要讲估值、价值，不能跌破了趋势又用基本面说服自己。把趋势投资做成价值投资，同样违反了"交易的一致性原则"。

制定一个规则（规则的目的是从无序的市场中过滤出有序的信号，只专注于自己可以理解的机会），然后执行它。让识别市场的机会具有一致性，让自己的行为具有一致性，这是"交易的一致性原则"的核心。

规则（交易体系），没有好坏优劣之分，只有适不适合，能不能坚持，能不能做到"从一而终"之说。顶尖的交易者，都是把简单的事情做好，然后重复做。各种模式，都有坚持简单纯粹原则的成功者。而长期亏损的人，往往都是左右摇摆的人。

很多人无法成功，都是内心不够纯粹、左右摇摆的结果，这一会儿感觉趋势投资好，那一会儿感觉价值策略好；前一会儿感觉要止损，后一会儿又拿住不卖。哪种对，哪种不对？都对，也都不对。唯一的评判标准，是不是坚持了"交易的一致性原则"。按体系和原则做，亏损了也是对的；不按体系和原则做，失去了一致性，盈利了也是错的，因为从长期看，没有一致性，终究会失败。

很多人左右摇摆，做不到一致性，还有一个原因，就是无法理解策略的成本，任何策略都有相应的成本。趋势投资的优势是，不必猜测哪种是主流，哪种走出来就做哪种，但在判断趋势时有摩擦成本。价值投资没有太多摩擦成本，但要承担股价波动的成本，以及看错的成本。

市场里没有标准答案，适合自己的才是最好的。无论哪种方式，只要长期坚持下去，都有可能成功，但左右摇摆除外。

信任自己的原则

从另外一个角度讲，很多人之所以无法遵守"交易的一致性原则"，本质是对自己体系的不信任。他们掌握了一种方法和技巧，也得到了有概率优势的信号，但经常被一些主观想法跳出来干扰。如当前某个位置是一个高胜率的买点，按体系就应该买入，但你想法太多：买入后万一下跌怎么办？一位朋友不看好这只股票我还买吗？美股这两天走势又不好对大盘会不会有影响？想法越多，掣肘也越多，导致无法顺畅地执行体系产生的信号。

如果有体系，并且产生了有概率优势的信号，你不按信号交易，还是自己想怎么操作就怎么操作，那要体系何用呢？你如果总是脱离信号交易，不依然是一个最低级别的情绪化交易者吗？这都是对自己体系不信任的表现。

无论你选择什么样的交易体系，都要完全信任它，不让自己的主观想法干扰，不要自以为比体系聪明。你永远无法用自己不信任的体系赚钱，交易里面的痛苦和抵抗，都是由于自己想法太多，导致内心产生了巨大的冲突。

信任自己的体系，完全按照体系产生的信号交易，是解决一切内心冲突和矛盾的核心。如卖飞、踏空，以及止损时的犹豫不决，让你感觉很痛苦，都是因为自己想法太多，内部（内心想法）和外部（市场走势）发生了冲突。只要按照信号交易了，这些痛苦就不会存在，因为信号是你唯一的操作标准，痛苦是因为脱离信号而产生的臆想，你信任信号了，自然就不会有太多的想法来干扰。

因此，做好交易的前提，一定是无条件信任自己的体系，表现就是严格按照体系产生的信号交易，这也是知行合一的表现。

市场是公正的，它会给理解它的交易者应有的回报。信任你的体系，保持交易的一致性，你才能长期稳定地获利，才不会被市场短期变动带来的亏损或暴利迷惑。坚守自己的交易哲学，坚持自己的交易系统，根据客观性原则来交易，远比获得短期的暴利更重要。

切记，坚持"交易的一致性原则"，是在交易中成功的前提，要让自己的原则可复制，让自己的行为可复制，保持内心纯粹，然后不断地重复规则和行为。

小结

交易体系底层逻辑	描　述
思维模式的具象化	一个完善的交易体系，至少要解决四个具体问题，这四个问题形成了一个完整的闭环： 　　（1）买什么。"买什么"是选择交易方向和具体标的的过程，涉及的思维模式有空杯思维、跟随思维、主线思维和强势思维。 　　（2）何时买。"何时买"是在确定了交易方向和标的后，选择具体交易时机的过程，涉及的思维模式有右侧思维、周期思维和击球区思维。 　　（3）买多少。"买多少"事实上是一种机会和风险的平衡，买太少无法实现很好的盈利，而买太多则意味着更大的风险敞口，涉及的思维模式有试错思维和复利思维。 　　（4）何时卖。"何时卖"是一笔交易最终要面临的问题，所有的买入，最终都是为了卖出，涉及的思维模式有鱼漂思维、知止思维和第一时间思维等。 　　贯穿始终的思维模式是辩证思维和概率思维，这两个思维模式渗透在交易的方方面面，当我们能够带着辩证思维和概率思维看问题的时候，就可以看到更多的可能性，而不是"唯一正确"的答案。交易里很多问题，唯有在辩证思维和概率思维下，才能理解和坦然接受。 　　与此同时，你要克服的偏见包括思维定式、线性思维、证实性偏见、后视偏差、锚定效应、有限注意力效应、沉没成本效应、随机收益效应、近因效应和自我归因等，这些问题会时不时地出来干扰你的想法，影响你的交易
交易体系构建的系统性思维	（1）一个充满矛盾和互斥条件的体系是没有办法执行的，系统性思维是构建交易策略的核心思维，会让你站在更高一层去思考体系中各个条件的自洽关系； 　　（2）无论选择什么体系或策略，入口和出口要一致，不能存在逻辑漏洞（比如做趋势投资还想买在最低点，跌破了趋势去考虑估值等）； 　　（3）在没有找到一个稳定的赚钱方法前，不要多策略并行，因为不同的方法中，有些条件是矛盾的，最好是先坚持一个方法，熟练运用后再尝试其他方法，而不是在方法之间左右摇摆。对大多数交易者来说，一条路"走到黑"是最好的选择； 　　（4）任何方法或体系，都是赚特定区间的钱，都有其存活的空间，也都有不应期，系统性思维决定了我们不仅要看到策略的优势，也要坦然接受策略的成本，否则在困难时期，会导致你自我怀疑，从而没办法坚持体系。 　　（5）既然体系帮助交易者对市场进行了分类和过滤，选择一种体系，就意味着要放弃另外的体系，即放弃一些体系外的赚钱机会，这时要坦然接受，因为你不可能赚到所有的钱。

交易体系底层逻辑	描　述
	系统性思维就像是交易者站在一个更高的高度去审视自己的行为和交易策略的全貌，让自己看得更清楚。很多人陷入细节无法自拔，导致无论怎么努力也无法改变现状，很可能就是因为你想的事情和做的事情是相互抵触的，单独拿出来看仿佛是对的，但放在一起却出现相互矛盾的结果，唯有跳出来思考，站得更高，才能看明白，才找到正确的解决方案。这就是系统性思维，是实现交易体系自洽的最底层思维
股票定价原理	股价变化的唯一一个因素，就是人。推动股价向上的力量来自拥有现金的人，他们对股票后市走势的乐观看多预期产生的买入行为；推动股价向下的力量来自拥有股票的人，对股票后市走势的悲观看空预期产生的卖出行为。至于他们为何乐观或悲观，并不需要去深究。 股价经过一段时间的上涨，自然就消耗了乐观看多的这部分人的现金，当该买入的都买了，需求就被透支；反之，股价经过一段时间的下跌，自然就消耗了悲观看空的这部分人的筹码，当该卖的都卖了，供应就被透支，在这些时刻，供求关系就出现了变化，从而影响股价发生变化。 持有现金的人、持有股票的人、乐观（看多）预期、悲观（看空）预期，这些叠加在一起，构成了供求关系。 所以，股价变动最简单，也是最基本的原理，就是供求关系——在特定的时间周期内，供不应求，股价上涨；供过于求，股价下跌
交易的第一性原理	第一性原理是事物的源头，即打破一切束缚，回归到事物本源去思考基础性的问题，在不参照经验或其他参数的情况下，从物质世界的最本源出发去解决问题。 股价变化的第一性原理是"供求关系"。所有的走势变化，都是供求关系变化的结果。价格变化的本质，是供需不平衡。对股价的涨跌，回归到第一性原理去思考和解决问题，就会发现，其他衍生出来的指标，都是多余的，它们只会让问题更复杂。我们在遇到复杂的环境和 K 线形态，感觉迷茫时，只要回归到第一性原理去思考，思维就会变得简单了
价格发现机制	（1）走势是最好的选股工具； （2）"好股"先被价格发现，往往会先于市场上涨； （3）落后个股的"坑"更多，往往隐含了很多基本面方面的问题； （4）"好股"打出空间，位于后排的个股有补涨需求； （5）后排的个股补涨，填平"价值洼地"，往往是市场或板块见顶（或调整）的前兆

交易体系底层逻辑	描 述
交易的第一目标	树立"交易的第一目标是生存"的信念和思维模式，它会让你时刻用"风险优先"的原则看待每一笔交易。控制风险有以下几种方法。 （1）事前控制风险，包括制定交易计划、应急预案、适度分散，不把鸡蛋放在一个篮子里等； （2）事中控制风险，包括避免逆势交易和重仓押注，当出现意外或走势不及预期时，要坚决止损，退出交易，保留实力，等待下一次机会等； （3）事后控制风险，对自己每一笔交易进行回溯和分析，尤其是对一些做的不好的交易，制定整改措施，防止下一次再犯
交易的一致性原则	（1）方法前后一致，不能随意变化，不能风格漂移。 （2）买入是什么理由，卖出也必须是什么理由，即入口和出口保持一致。 信任自己的体系，完全按照体系产生的信号交易，保持方法和行为的一致性。做好交易的前提，一定是无条件信任自己的体系，表现就是严格按照体系产生的信号交易，这是解决一切内心冲突和矛盾的核心，也是知行合一的表现

构建交易赢家心理

"成功的交易 80%靠心理，20%靠方法。"

——马克·道格拉斯

5.1 成功交易者的人格特质

很多人认为，一名成功的交易者，肯定都有一套完美的方法。和做其他事情一样，方法固然很重要，但如果没有超强的执行力和良好的习惯作为保障，依然很难做好。偶尔盈利一次，甚至连续几个月或一两年盈利，都不算什么，短期盈利都有一定的运气因素。比如，赶上了持续一两年的牛市，在市场中的大部分投资者都能赚钱，而拉长时间，又和运气完全无关。那些常年能稳定盈利、穿越牛熊的人，虽然用的方法不尽相同，但都具备一些共同的人格特质。

坚韧

几乎所有的交易者，都是从失败开始交易生涯的。

和大多数普通人一样，这些成功者也不是天生就会做交易。交易者之所以几乎都是从失败开始的，是因为市场本身就是反人性的。我们进入市场之前，在生活中形成的一些认知和习惯，会成为你交易的掣肘。入市之初，一个人的理论知识再丰富，实践也会不断地颠覆他的认知。这是因为，市场上根本没有标准答案，市面上的所有策略，都能找到相应的证据印证，也能找到相反的证据去证伪。如你认为估值低的企业最终会均值回归，这在有些时候是对的，但也有很多时候，估值越低的企业股价越下跌，这些都需要投资者重新建立认知。

因此，我们每个人的交易体系，对交易的领悟，都是在一次次对传统观念的颠覆中建立起来的。没有经历过失败，没有深入灵魂的领悟，就很难找到真正适合自己的方法。找到方法的过程，就是交易体系创建、完善的过程，如果没有足够的阅历和领悟，即便是前期因为运气好赚到了钱，长期看还是要亏回去的。

需要说明的是，即便你有一个很好的交易体系，依然会有失败的状况发生。市场不可能时刻都按照你的体系运转，更不可能每一次都符合你的预期，即便是巴菲特，也并不是一帆风顺的，从这个意义上理解，"失败"几乎伴随着每个交易者的一生。

那么，面对失败的态度，就决定了一个交易者是不是能够最终走向成功。

有一种人，能在失败中不断地总结自己，不气馁、不摇摆、不放弃，并有毅力继续坚持，这就具备了第一种特质——坚韧。

凡是成功的投资者，都具备坚韧的性格。只有这样，在面对连续亏损时，才能坚持自己的体系不动摇，在逆境中不放弃；也只有这样的性格，配上正确的方法，才有可能成功。仅仅有方法是不够的，因为市场中并没有能完美适应所有行情的方法，任何方法都有不顺的时候，而坚韧的性格，可以帮你度过这个阶段。那些一辈子徘徊在稳定盈利大门之外的人，就是一遇到困难，就轻易否决了自己的方法，哪怕这个方法是正确的，也没有坚持到正确的时机。

为何同样一种体系或方法，有人能赚钱，你却不能呢？本质上，并不是方法问题，而是在该坚持的时候，你轻易地放弃了。然后，去寻找其他方法，拟合市场当前的风格，结果，其他的方法也有不应期，最终你又放弃了。如此，你始终走在"寻找方法"的路上，形成了恶性循环。这也是我身边大部分失败者的特征，只是他们自己还没有意识到而已。

曾经用 3000 美元创造 52 亿美元盈利的交易大师布鲁斯·柯凡纳曾经说过：

"我从麦可·马可斯身上除了学到交易要有节制外，另一件非常重要的事是，你必须学会接受失败。失败并没有什么了不得。马可斯教我必须运用自己的判断力做出交易的决定。如果判断错误，再接再厉。只要你能完全投入，一定会有成功的一天。"

坚韧的性格，是我们面对困难时最好的朋友。除非你自己认输，轻易地否定自己，否则没有人能宣告你彻底失败。无论曾经遭遇多少次亏损，但只要能在跌倒的地方爬起来，保持交易信心，就随时能东山再起。

果断

能不能把握住正确的交易时机，直接决定了这一笔交易的成功与否。而正确的交易时机往往很短暂，转瞬即逝。想在交易中把握好这些时机，就需要交易者果断出击，不拖泥带水。

比如，你观察了很久的一只个股，出现了符合体系的买点，这时就要果断买入，因为它符合你的交易体系。如果你犹犹豫豫，前怕狼后怕虎，担心买入后"万一跌了怎么办"，就有可能失去这次交易机会。更有甚者，你错过了这次交易机会也没什么，耐心等下一次就是，但这只个股后续如你判断出现了大涨，如果你心态不好，"错过"的这次机会就会让你耿耿于怀，后面很可能掉入追涨杀跌的陷阱。

再如，你买入一只个股的同时，按照体系设置了止损点，但在触发止损点时，你犹犹豫豫下不了手，错过第一时间退出交易的时机，而导致了大亏。如果第一时间没有止损，后面就会越来越难，因为你的心理抵抗会越来越大。

你看，一个良好的交易体系，因为你不够果断，导致无法执行。这是方法问题吗？显然不是。

《孙子兵法》里曾讲过："其疾如风，其徐如林，侵掠如火，不动如山。"意思就是，进攻和撤退的时候要迅速行动，动作要快，不能拖泥带水；在行军的时候，要缓缓移动，像树林一样齐整；而在潜伏和等待的时候，要稳如泰山（即耐心等待）。

专注

市场中，能赚钱的方法有很多——基本面投资、短线打板、顺势策略、做热门强势股等。但无论哪一种方法，都只能赚那段适宜行情（符合方法）的钱，并不存在能完美适应所有行情的策略和体系，让你把所有的机会一网打尽。

所以，真正成功的交易者，都能理解，哪怕自己能力再强，也只能把握其中的一小部分机会，赚市场中的一部分钱，也就是自己理解并适应体系的机会。行情有急有缓，有长有短，有始有终，我们不可能将所有行情都揽入怀中，坚持一个适合自己个性的操作体系，坦然接受一些体系外的"错过机会"，便是最佳选择。

这就意味着，专注是一个交易者成功的核心。专注自己的体系，只做自己理解的机会，放弃一些诱惑，短期看或许会错过一些机会，但正是因为你的专注，长期下来会把握住一个又一个你擅长的机会。

专注的另外一个意义，是懂得取舍。所谓取舍，有取有舍，所谓"触目横斜千万朵，赏心只有两三枝"。正是因为你的放弃，才成就了专注。专注自己的范围，让自己简单而纯粹，是对付混乱市场的最好办法。行情很复杂，市场也很复杂，但你简单了，交易也就简单了。

六祖慧能大师最初拜五祖弘忍为师时，还没有顿悟禅机，然而却有一颗求证大道的直心，弘忍大师叫他天天去砍柴、担水、做饭。一段时间后，年轻的慧能就忍不住问五祖弘忍：您证道之前，做什么？

五祖弘忍回答：砍柴、担水、做饭。

慧能又问：证道之后又做什么？

五祖弘忍回答：砍柴、担水、做饭。

慧能迷惑地再问：那样怎么能证得大道？

五祖弘忍说：我证道之前，砍柴时惦念着担水，担水时惦念着做饭，做饭时又想着砍柴；证道之后，砍柴即砍柴，担水即担水，做饭即做饭，这就是得道。

五祖弘忍所说的意思是，得证大道前，心不专一，杂念丛生，证道后，便开悟了一颗"直心"，得道就是专注于"砍柴即砍柴，担水即担水，做饭即做饭"，一语道破"禅机"，认真专注地干好手中的每件事情便是得道。

你的策略是最重要的，当下的交易是最重要的，不要这山望着那山高，专注于当下即是得道。

独立思考

市场参与者是由非常多的个体组成的，我们都是其中的一员。在信息高度发达的今天，世界上任何一个角落发生的事情，都可以被快速获取。作为交易者的我们，每天被卖方推荐报告、朋友圈的"牛股"分享、地缘政治信息冲击、全球市场走势影响、个股的利好利空等信息包围。在这些信息轰炸下，如果定力不够，很容易被影响，难以做出正确的决策。

同时，在市场上，也可以看到很多别有用心的人利用编撰好的虚假消息，忽悠不明真相的群众去接盘，而主力借机出货。想躲开这一切影响，都离不开独立思考。

几乎每一个成功的交易者，都是善于独立思考的。市场的特征，决定了"七亏二平一赚"的结果，市场上 70%的人亏损，说明大众的观点，是难以赚钱的。因为即便大众的观点完全正确，如果你和大众站在一起，也将失去交易对手。长期来看，和大众在一起，很容易被舆论带偏，成为"七"中的一员。如果要想成为那个"一"中的一员，必须做一个独立思考者。

让自己的决策基于"事实"，而不是身边的"声音"，有时候"声音"太大，掩盖了事实和真相。交易者要不断提醒自己，回归到常识和事实中思考问题，保持客观理性，不从众。

耐心

被认为是史上最伟大的交易者的利弗莫尔认为，在交易中，耐心比其他任何因素都重要，他说：

"优秀的投机家们总是在等待，总是有耐心，等待着市场证实他们的判断。不管是在什么时候，我都有耐心等待市场到达我称为'关键点'的那个位置，只有到了这个时候，我才开始进场交易，在我的操作中，只要我是这样做的，总能赚到钱。在交易中，除了知识以外，耐心比任何其他因素更为重要。"

大家也会发现，在操作中最容易亏钱的因素之一，就是追涨。追涨的主要原因，是贪婪导致自己失去了耐心，没有等到正确的入场时机。很多人频繁止损，都是因为买点不对。所以，一个正确的买点，是盈利的关键，是整个游戏的入口，只要入口对了，就能解决80%的问题。这些，都需要"耐心"去承载。

无独有偶，投资大师马克·魏恩斯坦被称为国际金融界的一个神话。在他进行外汇交易的几千个交易日里，一共只有 17 个交易日是亏损的，其中 9 次还是系统故障引起的，成功率超过 99%。他说：

"我的交易很少遭遇亏损，是因为我总是选择最适当的时机进场。大部分的人都不会等到市况明朗才进场。他们总是在黑夜中进入森林，然而我则是等到天亮才进去。印度豹虽然是世界上跑得最快的动物，可以追得上大平原上的任何动物。可是，它总是等到有足够的把握捕捉到猎物之后，才会发动攻击。它也许会在草丛中躲藏一个星期，等待适当的猎物与适当的时机出现。选择与等待万无一失的时机发动攻击，就是我的交易原则之一。"

最佳买入时机终究会来，关键是你能不能等到，这也是优秀交易者和平庸交易者的核心分水岭。

自信

面对一件事情，自信的人和不自信的人的态度是完全不同的。自信的人，带着一份笃定，相信自己所做的决定是正确的。不自信的人，做事情犹犹豫豫，瞻前顾后，而这恰恰是交易的大敌。交易最怕犹豫不决。

把自信的高度再上升一点，就是信仰。几乎所有的交易大师，都会讲到要对自己的投资体系保持足够的信仰，因为没有信仰，你就会犹豫和摇摆，不断地变换方法，尤其在遇到困难时，就会导致你违背自己的原则和体系，甚至经常修改体系去拟合行情。当你不按照自己的体系和原则交易时，将和情绪化的初级交易者没有任何区别。

另外，自信的人往往都乐观积极。他们能坦然面对失败，因为他们相信终究会赚回来，而不是自暴自弃。自信是可以培养的，当你按照自己总结的方法做几次成功的交易后，自信心就会提升，也会让你更相信自己的体系，如此不断地正反馈和强化，你就会变得越来越成功。

自省

自信是优秀交易者的特征之一，但自信并非盲目的自信。区分是不是盲目的自信，就看会不会自省。自省也是一个交易者成功的关键，它意味着交易者会不断地反思和寻找自己的不足，只有诚实地面对自己的不足，并找到解决方案，才能快速提高自己的水平。

从具体的交易层面来讲，交易者的自我纠错能力是非常重要的一种能力。在市场中，我们不可能总是正确的，当发现自己做错时，要及时改正，而不是在错误的方向上越走越远。索罗斯曾说："判断对错并不重要，重要的在于，当你正确的时候，你获得了多大利润，当你错误的时候，你是不是只有小的亏损。"纠错能力能确保自己在错误的时候只有小的亏损。

自信和自省并不矛盾。自省不是否定自己，而是坦然地接受和面对错误、总结错误，这反而是一种自信的表现。一个成功的交易者，一定是勇于认错，善于总结的。

诚实

诚实是一个人最优秀的品质之一。诚实看似和交易无关，其实不然。一个总是欺骗别人的人，是不可能做好交易的，因为长期欺骗他人，最终也会欺骗自己。连自己都欺骗的人，会不断地找借口，推卸责任，无法认清问题的本质。解决问题的前提，是要诚实地面对自己，坦然接受自己的不足，认清了这些问题，才有可能改变。一个不敢面对自己弱点的人，谈何找到解决办法呢？

包容

包容意味着接纳，在做错时，不和自己死磕，让自己陷入无休止的精神内耗中；包容还意味着可以内心毫无抵抗地接受一切可能性，在自己的判断被市场走势证伪时，可以轻松放弃自己的观点。

我们有时看不惯市场，无法接受市场的走势和我们的预想不符。如果能有包容的心态，就会内心平和，顺应市场做出理性的决策。我从没有见过一个长期成功的交易者每天像个无头的苍蝇一样，被市场情绪带着走的。人性中的贪婪和恐惧，是情绪化的根源。当你看到一只个股被快速拉升时，追涨不就是怕错过吗？这一瞬间，你的内心已经被贪婪控制了。反之亦然，当你持有的个股快速下跌时，慌不择路地一键卖出，不就是怕继续大跌吗？这一瞬间，你的内心被恐惧控制了。

如果不能超然地看待涨跌，理解不了股价波动的本质，你就会不断地被情绪左右，这样下去，长期来看成功的可能性几乎为零。

一个优秀的交易者，必定也是一个优秀的情绪管理大师。能用包容、平和的心态面对涨跌，一切回归到自己的交易原则中去做决策。

勤奋好学

做交易和做其他事业一样，勤奋好学的人，总会比其他人更加接近成功。勤奋好学，体现在很多方面，如坚持复盘、学习大量交易理论、阅读海量的研究报告、财务报告等。很多人来到市场里，什么事情都不做，仅仅想依靠不知道哪里得来的一段交易代码就赚一笔。这样盲目地入场，偶尔可能因为运气好赚到钱，但从长期来看，你都没有做任何功课，甚至都不知道买的公司的主营业务是什么，怎么可能成功呢？

中国有句古话，"书读百遍，其义自见"。假如你每天读一份行业研报，一年下来，读300多份深度研报能让你成为一个行业的专家，而这些，只需要每天花费10分钟的时间。如果你能每天读一个小时研报，你的知识量及对行业逻辑、个股逻辑的理解，将鹤立鸡群。

想在交易界有一席之地，付出的努力，不会比其他行业少，甚至要更加努力才行。你不努力，总有比你优秀的人超过你，赚走本该属于你的钱。

一个成功的交易者，必须要勤奋好学，以追求真理和真相为目标。这样，才能具备透过假象看本质的洞察力，以及直奔问题本质提炼客观事物内部规律的归纳能力。

谦虚低调

成功的交易者，往往都是谦虚低调的。因为谦虚，才能接受不同的观点，正视自己的不足，从而保持不断前进的动力。交易在比较顺利时，很容易使人产生一种错觉，认为自己可以控制市场，而这种自大非常容易让交易者在接下来的操作中栽跟头。虽然长期保持谦虚谨慎并不容易，但这恰恰是一个交易者持续成功、不断前进的重要原因。

自律

自律的重要性，讲一万遍都不为过。所有的规则、体系、纪律，能不能得到毫无偏差地执行，全都在于自律。换句话说，超强的执行力，是整个体系运行的核心，如果不能得到执行，你的体系设计得再好，也是毫无用处的。而执行力的核心，就是自律。

自律不仅仅局限在交易里，它会渗透你生活和工作的方方面面。因为自律是一种习惯，这种习惯会带入交易，优秀的交易者需要良好的生活习惯做保证。一个在生活中没有自制力的人，不可能在交易中取得多么瞩目的成就。因为你的习惯，会导致你违背交易原则。

所以，想成为一名优秀的交易者，严格的自律，是关键中的关键。

以上是成功交易者的 12 种人格特质。成功的交易者之所以成功，并不是他们比你运气好，而是因为他们比一般人更努力，且具备了成功者必备的一些优秀特质。

从这些人格特质中就会发现，生活中几乎所有的事情都是相通的，当一个人具备了上述特质，就具备了一般人难以比拟的优势，成功的概率也大大提高。

但以上说的这些优势，如果没有亲身体会，是很难理解的。如果认知水平达不到，就难以看清，甚至认为他们之所以成功，是有什么秘密。岂不知，他们所用的方法都非常简单，因为交易的世界根本不是方法的比拼，同样的方法有成功者，也有大量的失败者，核心还是人性、心理、性格和习惯的差异。

如果你具备上述人格特质中的几种，那么恭喜你，你可能会比其他人更容易成功。如果目前还不具备这些特质，也不要灰心，因为这些优点大部分都是可以后天培养的。

首先，要认识到性格因素和行为习惯远比方法重要，这是底层思维层面的认知，是出发点，如果你的出发点错了，可能会越走越远。

其次，认清自己的性格缺陷，培养好的习惯。根据日常交易中自己的反应，记录自己的缺点，然后有目的地去改善。比如，你看见一只个股，如果仅仅听人说有利好就要买，就说明你缺乏独立思考、缺乏学习的能力，且无法克制自己的贪婪，你都没有搞清楚个股的逻辑，就因为"怕错过赚钱的机会"买入，长期这样下去，怎么可能成功呢？

针对这个现象制定措施，刻意培养自己独立思考、学习的习惯。在听到别人说了某只个股后，去找相关的研报、财报去验证他们说得是否正确，如果逻辑得到验证，再看是否符合你的交易体系，符合就买入，不符合就等待或放弃。

没有人天生就是成功者，成功者也需要后天的努力和磨炼，不要仅仅停留在"想"的层面，做思想的巨人，行动的矮子，而要下场实际操作，在实践中发现自己的不足和缺陷，然后逐一弥补。发现一个问题，就解决一个问题，进入知和行的正向反馈，以此不断提升自己。

理解了上面的内容，你也会理解，为何在所有行业中，真正成功的人都是少之又少的。因为成功是一门实践科学，它并没有一劳永逸的方法，需要不断在实践中摸索和反馈，交易里面更是如此。

交易，即人生。

5.2　交易者的三个层次

每一个进入市场的人，目标都是相同的，即从市场中赚钱。

前面也说了，成为赢家的人，只是少数。但很多人都认为自己会是那 10% 的盈利者中的一员，于是，在没有任何知识储备、经验积累的情况下，就盲目进入市场。

然而，一旦进入市场，经历几次挫折后才明白，看似门槛很低的市场，要想实现稳定盈利，门槛实在是太高了。

在其他行业，通过自己的努力，虽不一定做到顶尖水平，但慢慢积累下来，小有成就或持续有收获，是可以期待的。如教师、医生或工人等，都可以通过努力工作慢慢积累经验，从普通教师进阶到高级教师，从普通医生进阶到主治医师或专家，从普通工人进阶到车间主任等。而且，这些行业只要你进入就有收获，最基础的是有一定的工资，持续的收获（工资或职业追求）让你感觉不到煎熬和痛苦。但交易完全不同，它只有两个结果——成功或失败。在没有稳定盈利前，交易不会给你持续的收获（类似工资）来抚慰你的内心或保障你的生活。

很多人在交易里感到非常痛苦，就是因为尽管非常努力，也不一定有回报，甚至多年看不到一点希望，对未来的茫然带来的无力感，让人绝望。另外，并不是在交易里经历过绝望的人都会涅槃重生，因为大部分交易者在市场中都注定是失败的命运，这是由投资"七亏二平一赚"的收益本质决定的。

几乎所有的交易者，在进入市场后，都有三个层次等着你跨越，只有极少数交易者能进阶到第二或者第三个层次，大部分交易者一生都在第一、二个层次徘徊。这三个层次是：

（1）情绪化交易；

（2）机械化交易；

（3）直觉化交易。

情绪化交易

所谓情绪化交易，就是每天跟着市场情绪走，看见上涨就追涨，看见下跌就恐慌割肉，内心完全被贪婪和恐惧控制，这也是大部分交易者的写照。

刚一进入市场的交易者，必定是从这一个阶段开始的，他经常被一个消息吸引，或听见某位朋友推荐就无脑买入。这个阶段是"条件反射"阶段，没有自己的规则，对获取的消息产生线性反应。

这个阶段当然很难持续稳定地赚钱，偶尔运气好赚了一笔，如遇到了牛市，随便买也能赚钱，然后没多久，会因为自己的实力不足又亏回去。

很多人在市场中亏钱，不从自身找原因，而是把责任归结到市场、监管、内幕交易等因素上。其实，市场规则对于每一个人都是公平的，为何有人能在市场中赚到钱呢？是因为他神通广大，有内幕消息吗？

不排除有些地方有内幕交易，还有些人具有信息优势，但绝大多数时候，市场是公平的，对于每一个参与者都是一样的，并非所有赚钱的人，都享受了特殊的规则和待遇。

能赚钱的人，一定是在认知上和大多数人不同，或者说在执行力上超越了大多数人。

有的人亏损埋怨市场，推卸责任；有的人亏损，却反思自我，不断提升自己。这部分有自我觉醒、不断反思自己的人，在经历过大幅亏损的痛苦后，会开始痛定思痛，寻找方法，慢慢形成自己的规则，进入第二个层次——机械化交易。

机械化交易

所谓机械化交易，就是吸取了情绪化交易阶段的惨痛教训，认为不能总是拍脑袋交易，于是制定一整套规则，包括选股、买卖点选择、风险管理、仓位管理等，然后遵照执行。这个阶段，就会根据自己的经历以及所学的知识，分化成为价值交易者、趋势交易者、短线交易者等。成为什么样的交易者并不重要，关键是在这个阶段，有了可以依据的规则，知道了"有所为，有所不为"的重要性，不会再对市场产生应激反应。

进入第二个层次的人群中，会有少数人成功，就是能做到坚持自己规则、知行合一的人。有了规则只代表"知道"，而能不能"做到"才是核心。无法"做到"的认知，本质上都是"伪认知"，那部分有规则但不执行的人，其实还处在第一个层次——情绪化交易中。

因为知行合一的差异，导致第二个层次也仅有极少数成功的人，而这部分成功的人，会有一小部分人进阶到第三个层次——直觉化交易。

直觉化交易

所谓直觉化交易，就是所有的规则都已融入你的内心，你的内心就是体系，买卖都顺其自然，不需要刻意地照搬规则。到了买点就买入，错了就止损，不需要过多的思考，所谓"从心所欲不逾矩"。这也是著名的交易大师杰克·斯瓦格说的："你在奋斗，挣扎，强迫自己做一项交易时，你是错误的，是不协调的。最好的交易不需要付出任何努力。"也就是我们武侠小说里面讲的"人剑合一"的境界。

这三个层次，是递进关系，据我了解，没有人能直接进入第三个层次，几乎所有的人都是从第一层次开始的，能不能顺利进阶，取决于交易者自己。大部分人一辈子都在第一个层次和第二个层次之间徘徊，走不进稳定盈利的大门，也只有极少数人，能最终进阶到第三个层次。

理解了这三个层次，你就会明白，任何一个成功的交易者，都不是随随便便成功的，他们必定在认知层面及执行力层面，有过人之处。也许他们的天赋并不是最高的，但一定是比一般人更加努力的，也一定是爱学习、爱思考的。

很多人从来都没有想过这些问题，每天沉迷在所谓的交易代码、市场的涨跌，以及一则消息引起的波动上，亏损了就埋怨市场和他人。这些都是浅层次的表象，深层次的东西在于对规则层面的理解与执行，规则的执行在于自我控制，而自我控制又与认知水平、执行力息息相关。

所以，交易能不能成功，表面上来看是一个交易代码、一个买点的选择，深层次来看，是思维模式和内心综合作用的结果。

那么，答案在哪里？在自己的内心，而不是在市场中。交易是向内求的过程。

也许，你当前还没有达到第二或第三个层次。我要说的是，你当下经历的一切，都是在为提升认知做铺垫的，不要自怨自艾、不要推卸责任、不要让你的经历和痛苦白费，而要把它作为成功路上的垫脚石，以此提升认知和执行力。

当你的认知和执行力到达了一定的层次，一切问题都会迎刃而解。

"财富是对认知的补偿，而不是对勤劳的奖赏。"

——约翰·D·洛克菲勒

5.3 顺应外部变量，控制内部变量

市场是由无数的变量组成的，这些变量大致可以归为两类——外部变量和内部变量。

外部变量包括市场走势、信息、宏观环境、基本面、资金面等，是交易者自身之外的东西；内部变量来自交易者自身，由我们的内心情感变化组成，包括贪婪、恐惧、期望、侥幸等心理。

这两类变量是相互影响、相互制约，并相互作用的。两类变量的搭配组合，会有无数种表现形式，对投资结果产生影响。举例来说，你心仪的一只个股，突然发布利好，业绩超预期，股价高开拉升，这些你能看到的，都是外部变量。此时，你产生怕错过的想法，这是内部变量中的贪婪起作用，外部变量影响了内部变量，如果无法克制内部变量的影响，产生的行为就是追高买入（因为它可能不符合体系的买点，这时，可能你早忘记了规则）。

从内部变量和外部变量的角度审视市场，你是无法判断下一步会"确定"怎么走的，因为所有东西都是动态的。外部变量是不断变化的，你的内心也随着外部变化而产生波动，从而影响着个人每一时刻的行为。变量又衍生新的变量，周而复始。索罗斯的反身性理论有一段经典的论述：

"投资者与市场之间是一个互动影响的过程，交易者根据掌握的资讯和对市场的了解，来预期市场走势并据此行动，这个行动事实上也反过来影响、改变了市场原来可能出现的走势。"

理解了这一层，就会发现在市场追求"确定性"，只是一种美好的幻想而已。

认识市场的"没有确定性""一切皆有可能"，是做好交易的核心基础，这个核心基础深刻影响着我们的思维模式。

交易体系是建立在追求"确定性"上，还是建立在"市场没有确定性"上，两者之间是有本质区别的，思维模式的不同，会直接影响交易者看市场的视角。

追求"确定性"的人，以自我想法为主，一般会陷入"我执"，很难在市场发生变化的时候转变观点。而认为"市场没有确定性"的人，则很容易

随着市场变化去顺应市场，从而很难被市场伤害。

可能很多人比较迷茫，既然所有的事情都是变化的，且"市场没有确定性"，那是不是投资就没有办法获得稳定的回报了呢？是不是所有的投资和交易，都是在碰运气？

当然不是。

因为在变化的背后，仍有概率在起作用。任何投资行为以及与之相关的体系，都是建立在"概率优势"之上的。比如基本面投资，是通过分析企业盈利能力、管理水平、竞争优势等，在一个较长时间的框架下追求高概率。技术分析及趋势投资等，同样也是在特定的时间框架下，通过走势和技术行为，追求高概率。比如趋势投资，在上升趋势中做多，获胜的概率就会提高。

投资和交易的本质，就是在不断变化的环境中（外部变量和内部变量），通过自己的一套方法（体系），追求高概率。短期的成败或有运气因素，但只要具备了概率优势，长期看终究会成功。

我们从内部变量和外部变量的角度，来研究怎么才能建立自己的"概率优势"。

顺应外部变量

外部变量怎么发展，是我们无法控制和消除的，这一点要从内心接受。对付外部变量的唯一方法，就是"跟随"。而要做到并做好跟随，就要在自己的思维框架中，建立以"市场为导向"的思维模式。

大部分交易者初入市时，接受的教育是"市场先生会犯错"，即建立在以"我"为导向的思维框架上，潜意识里是"我"不会错，"市场先生"会犯错。最后在市场上验证一番后发现，当然不是"我"真的不会错，而是有时候"我"对，有时候"市场先生"对，这就是概率。但这里的问题是，如果"我"错了，在"以我为主"的思维框架下，就很难纠错，从而容易导致对抗市场，产生大亏。因此，我认为这不是一种有利于交易的思维模式。

而以"市场为导向"的思维模式，则恰恰相反。在这种模式下，最高的境界是"无我"，就是完全遵循市场的变化，"市场先生"不会错，只有"我"会错。

我们应该都遇到过这种情况，即市场走势和预期相差很大。在分析一个行业或一只个股时，你感觉逻辑很强大，甚至万事俱备，但股价就是不给交易者正反馈。以"我"为导向的思维模式，可能会坚持自己的逻辑，认为市场犯错，要抓住"市场先生"犯错的机会。而在以"市场为导向"的思维模式中，市场不会错，错的是我们自己。换句话说，在遇到错误时，以"我"为导向的思维模式会导致你越陷越深，而以"市场为导向"的思维模式会让你及时纠错。

《亚当理论》一书中有个经典的观点：

为了在市场上成功，我们必须投降。向市场投降，在某种意义上意味着放弃。这表示我们要放弃对市场怀有的一切意见、判断和结论。这件事情之所以这么难以做到，是因为我们经年累月花费无数心血研究市场，才积累下来这些自以为与众不同的意见。换句话说，我们在这些自认为知道的事情上付出了很多，要放弃有点困难，特别是考虑到两者结合似乎很吸引人。

要想成功，我们要一无所知地接触市场。如果我们接近市场的同时还想着自己对它多少有点了解，那么失败的种子便已经种下了。这并不是说我们一定会赔钱。任何好的系统和方法，几乎都可以赚上一阵子钱，但是迟早（往往不久）就会产生恶果。为什么呢？因为市场瞬息万变，只有全然无知的人，才会因为拥有充分的弹性而能够适应。

从事交易不需要了解太多，比你看到的还要少。交易不可避免地包含着各种各样的我们不需要关注的东西。

在市场上获得成功的障碍并非我们对市场不够了解，而是我们懂得太多了。我们要能够忘记自以为懂得的一些知识，才能更好地"看"清楚真正发生的事情。我们必须愿意投降，跟随市场的脚步，而不是试图把它纳入我们的意见和"知识"的框架中。

控制内部变量

虽然我们无法控制外部变量，但可以控制内部变量。真正优秀的交易者，会内心平静地面对各种情况，情绪不受影响，操作也不变形。

换句话说，你要控制住"自己"这个内部变量。在所有的变量中，我们能控制的，也只有我们自己。通过控制自己的行为，使自己变得有纪律，按章操作，从而降低内部变量的影响。当内部变量的负面影响被消除后，剩下的就只有外部变量。

简单总结就是，外部变量无法改变，只能跟随、顺应和对其做出反应，而内部变量可以通过控制，使其危害降到最低。两个变量，一个无法改变，则可以通过控制另一个提高交易成功的概率。最终，交易成功的核心就变成了：顺应外部变量，控制内部变量。

试想一下，外部变量本来就变化无常，如果你自己的心态和行为，也是没有规律的天马行空，怎么可能成功呢？

怎么控制内部变量？其实就是我们反复强调的内容，首先形成自己的体系，然后遵章操作，做到知行合一。每个人在交易的路上最终能走多远，从本质上来说，不是方法问题，而是思维模式问题，因为决定一个人投资行为和投资体系的，是思维模式。所以，答案不在市场上，也不在方法上，这些都是表象。一直在方法上寻找答案，没有正确的思维模式，没有性格的磨砺和心态的升华，并不能让你成功。只有认识到内部变量对交易的影响并加以控制，才能最终走向成功。外部变量只需要"看见"和"跟随"，而能不能控制住内部变量对你的影响，是一个漫长的修炼过程。

5.4　立不败之地，胜可胜之敌

城有所不攻，地有所不争

假设市场上只有一只股票，且它基本面良好、业绩良好、逻辑也良好，该怎么操作？我想每个交易者一定会控制自己，有意识地选择在有概率优势的位置交易，如相对低点买入，然后涨多了就卖出，这样一个波段、一个波段地操作，在没有买点时或概率不利时，就安心等待。

当然，我们不可能只做一只股票。首先市场容量很大，标的非常多；其次，考虑到分散风险、流动性等问题，选择就更多了。就是因为选择多了，感觉到处都是机会，反而忘了初心，让自己变得很浮躁。如果发现到处是机会，就会导致你总感觉持有的个股涨得比其他的个股慢，这就是我们前面讲的"有限注意力"的心理效应。因为人的注意力是有限的，就总是聚焦在少数表现优秀的个股和板块上，换句话说，你看到的都是当下表现最好的。岂不知，这些所谓的表现好的，也是一直上下起伏的，并非一直表现都好，只不过今天表现好时，你注意到了而已（仔细想一下，是不是很多股票，都是涨起来后你才注意到）。

所以，很多人在市场上赚不到钱，认为是没有机会，真的是这样吗？恰恰相反，赚不到钱，反而是因为机会太多了。

如果无法克制自己的欲望和贪婪，"应接不暇"的机会，就会导致你不断地抛售手里的个股（哪怕并没有触发卖出条件），去追逐注意到的"机会"，这就是追涨杀跌的根源。

更重要的是，就是因为可选择的太多，交易者反而不会等待了。如果只有一只股票，交易者没有别的选择，当处于下降趋势时或没有买点时只能等待，在有其他选择时，就很难安放躁动的心。

这里说的"只能做一只个股"，并非真的是让大家只做一只个股，而是一种思维模式，即学会聚焦和放弃的智慧。之所以这样讲，是想让大家明白一个道理，交易并非抓机会的游戏，并非比谁抓住的机会多。想从交易中赚钱，反而不需要太多的机会，一年下来把握住几次有限的机会，也能获得不错的回报（前提是控制住回撤，而控制回撤的核心又是聚焦和放弃）。反而是哪个机会都想把握住，会导致精力分散，这山望着那山高，最终变成狗熊掰玉米，什么也没做好。

以上思维，就是咱们俗话说的"有所为有所不为"，只做自己能力范围内的、可以识别的、有把握的交易机会，集中优势兵力，精准出击，放弃一些不属于自己的、可做可不做的交易。

《孙子兵法·九变》中有云："途有所不由，军有所不击，城有所不攻，地有所不争。"就是说，有的道路不能走，有的敌军不能去攻击，有些城池不能占领，有的地域不能争夺。

《孙子兵法·形篇》中又有云："古之所谓善战者，胜于易胜者也。故善战者之胜也，无智名，无勇功，故其战胜不忒。不忒者，其所措胜，胜已败者也。故善战者，立于不败之地，而不失敌之败也。"就是说，真正的善战者，是战胜自己容易打败的敌人。所以，真正善战的都不是"名将"，都不是一战成名，而是经过准备充分，措施得当，按部就班，一点差错都没有。据说曹操当年在看了这段话后，做了批注："善战者无赫赫之功，善医者无煌煌之名。"

关于这段话，还有一个故事：

扁鹊是春秋战国时的名医，他有两个哥哥，三兄弟都精通医术。

魏文王曾问扁鹊："你们家兄弟三人都精于医术，谁的医术是最好的呢？"

扁鹊回答："大哥最好，二哥差些，我是三人中最差的一个。"

魏王不解地说："但是你的名气却是最大的啊。"

扁鹊解释说："大哥治病，是在病情发作之前，那时候病人自己还不觉得有病，但大哥就下药铲除了病根，使他的医术难以被人认可，所以没有名气，只是在我们家中被推崇备至。我的二哥治病，是在病初起之时，症状尚不十分明显，病人也没有觉得痛苦，二哥就能药到病除，使乡里人都认为二哥只是治小病很灵。我治病，都是在病情十分严重之时，病人痛苦万分，病人家属心急如焚。此时，他们看到我在经脉上穿刺，用针放血，或在患处敷以毒药以毒攻毒，或动大手术直指病灶，使重病人病情得到缓解或很快治愈，所以我名闻天下。"

魏王大悟。

这就是"善医者治未病"，在症状还不明显的时候就防患于未然。

交易亦如此，真正的高手，不会明知不可为而为之，有些交易可以做，有些交易不能做，你不必强制自己做不擅长的事情，也不必设定必须通过一只个股或者一波行情盈利多少的规则，更不要总是让自己陷入险境，等到迫不得已的时候才采取应对措施。要学会把握容易获胜的机会，选择胜率最大的时候出击，把简单的题都做对，同时积极主动地预防风险，在进入危险区（比如高潮）之前，就逐步退出交易，等待和观望。

知己知彼，去一点点地积累复利，就足以取得好成绩了。

积极掌握主动权

交易，就像行军打仗，而交易者就是指挥打仗的将军，资金就是兵力。我们要积极主动地选择战略战术，有时候要把部队分成几个部分（分仓）。根据环境，有时候要埋伏（低吸），有时候要迎头阻击（突破），有时候打了败仗，要及时撤退（止损）。如果总是处于被动挨打的局面，很难打胜仗。

- 所谓积极主动，就是让自己处于主导地位，掌握行动的控制权，是进还是退，都是自己说了算。交易里面的积极主动，表现为主动控制仓位、主动控制风险，以及主动选择买卖点等。
- 所谓被动挨打，就是疲于应付，总是按敌人的节奏走。交易里面的被动挨打，表现为被动买入（明显拉升后因为贪婪和诱惑强行买入）和被动卖出（没有第一时间止损最终导致大亏被迫割肉）。

同样是交易，主动行为和被动行为，结果会大相径庭。

当我们主动做交易的时候，一切都是有章法的，都是按计划的，进攻和撤退都是战略的一部分，这个时候我们是处于主导地位的。此时的买入都是符合买点的，卖出是符合卖点的。没有计划的买入就是随意交易的情绪化操作，没有计划的撤退不叫撤退，叫溃败。有计划地撤退之后可以选择时机再反攻，但溃败的军队基本没有反攻的机会，因为士气大伤，再者可能已被俘虏了。

交易中按计划止损是策略的一部分，但等到大亏不得不退出交易时就不叫止损了，叫割肉。如果总是出现大亏不得不退出交易的被动操作，首先交易者信心受到影响，其次反攻难度越来越大（本金越来越少）。

这就是主动和被动的区别，同样是一笔亏损的交易，主动选择承担小亏，和被逼无奈不得不被动割肉（大亏），是完全不同的，不仅仅是资金上的差异（主动止损是承担小亏，而被动割肉往往已经到了大亏时），更是心理上的差异。主动止损的人，虽然也亏钱了，但心理上是有优势的，因为止损本身就是你计划的一部分；被动割肉的人，心理上是崩溃的。这两种情况，哪一种更容易反击，一目了然。

所以，一定要记住，我们是指挥千军万马的将军，要有绝对控制权，随波逐流处处被动是无法赢得战斗的。要将主动权牢牢地把握在自己手里，无论是进攻还是撤退，是买入还是卖出，是止损还是止盈。在信号出现时就在第一时间做出反应，而不是任其发展，等局面无法控制后才想起来被动应对。

让自己掌握控制权，是交易成功的关键。

自我控制

无论是上面第一条讲的"聚焦和放弃"，还是第二条讲的"积极掌握主动权"，核心落脚点都是四个字：自我控制。

交易里面的自我控制，包括控制欲望、控制情绪、控制不切实际的想法、控制交易范围、控制买卖点、控制仓位、控制风险、控制不受噪声干扰等。这些方面，都是通过我们努力，可以去控制的，属于个人行为的范畴。

在市场中，外部环境不随我们的意志而转移，我们唯一能控制的，是自己，而不是市场。市场的走向，就在那里，它有时涨，有时跌。我们要做的，不是让市场屈从于我们，而是时刻跟随市场，和市场合拍。很多人之所以对抗市场，逆势而行，就是因为心存幻想，认为市场可以按照我们的意愿走。在市场中，当你感到痛苦的时候，你已经在不知不觉地对抗市场了，只是自己意识不到而已。

当我们做到了自我控制，就做到了聚焦和放弃，即聚焦在自己能理解的机会上，放弃一些可做可不做的机会，这样就掌握了主动权。或者说反过来讲，当掌握了主动权，我们就可以实现聚焦和放弃，做到了自我控制。这是一种积极的正向反馈的过程。

自我控制和自我放纵，是两种不同的交易结果，甚至是两种不同的人生。如何选择，完全取决于你自己。

我们每个人对待同样的事物，不同的思维模式会导致不同的选择，也会有完全不同的结果。举例来说，有人认为存钱是一种乐趣，看着账户里面的钱不断增加，感觉内心满足。有人认为花钱是一种乐趣，花钱买自己喜欢的东西，感到满足。有人认为吃是一种乐趣，吃到美食感觉满足；有人认为控制吃是一种乐趣，通过节食让自己内心获得满足。有人通过放纵自己获得乐趣，也有人通过控制自己获得乐趣。

很显然，在交易中，放纵自己去不断地搏杀，没有规则情绪化地随意交易是很难成功的。因为市场是多变的，如果你的行为也是多变的，没有一致性，做不到自我控制，那么，多变的市场叠加你自己多变的行为，整个交易活动都会是失控的，这种失控局面下，怎么可能取得好的交易成绩呢？

很多人可能体会过那种在市场中通过控制获得的巨大乐趣，如面对一只你非常想买入的心仪股，但你通过控制等到了低风险买点，并获得了成功，这种控制带来的巨大乐趣，不仅仅是在盈利层面，更重要的是通过自我控制带来的内心满足。

控制力是可以通过训练获得的，心理训练和生理训练，日常我们要养成自律的习惯，如坚持每天跑步，坚持合理地控制饮食，都是在训练自己的控制力。

可能有人认为，这和交易有什么关系呢？

事实上，关系很大。你的性格因素，会被带入交易，交易本质是你性格和认知的变现。

当你学会了自我控制，就会发现，交易带来的满足感，远远不是一笔交易赚多少钱那么肤浅。那种对于局面的掌控，对于自己欲望的克制，以及对不切实际想法的约束，会让你感受到精神上的愉悦。

就像是利弗莫尔讲的，赚钱是市场对你自我控制的奖赏，当你失去控制时，自然就会遭受市场的惩罚。

这些内容，都不是方法上的问题，而是深层次的思维层面的问题，也许你今天无法产生共鸣，但在你走向成功的道路上，终究会遇到这些问题。这里总结如下：

（1）学会聚焦和放弃，专注自己擅长的和符合自己认知的机会，主动放弃一些没有把握的、可做可不做的机会；

（2）积极主动地掌握主导权，让每一笔交易行为都是自己主动做出的（包括仓位控制、买卖、风险管理），绝不随波逐流，因为总是疲于应付无法成功；

（3）以上两条实现的关键是四个字：自我控制。

不要停留在是不是赚钱的表象中，不要陷入一笔交易的得失中无法自拔，要努力追求知行合一，追求自我控制，把主动权牢牢地握在自己手里，然后聚焦在有概率优势的机会中，放弃一些平庸的和没有把握的机会，当你这些都做好了，市场自然会奖励你，生活也会奖励你。

正所谓：立不败之地，胜可胜之敌。

5.5 "无我"心理

老张是一位久经沙场的老股民，有自己成熟的体系和模式。近期，老张正在观察中国软件（SH600536）的买入机会。2022 年 9 月 16 日，中国软件放量向上突破，随后出现两次缩量回试，在 2022 年 9 月 30 日出现符合老张模式的买点，根据制定的交易计划，老张果断买入，并在第一次回试的低点设置了止损位，如果股价跌破这个位置，老张将退出交易（见图 5-1）。

图 5-1

在买入后的第二个交易日，中国软件股价回落，向下波动，虽然当日最大跌幅超过 5%，不过并没有触发老张设置的止损位。然而，老张却在波动中担心股价继续下跌，心生恐惧，终止了交易，这笔交易以老张的止损结束。就在老张退出交易的第二天，中国软件放量涨停，在随后的半个月，股价大涨 70%。老张捶胸顿足，悔青了肠子。

为何老张看对了行情，也选对了买点，但却错失了大好行情，与赚钱无缘？

很显然，老张违背了自己的交易计划，在向下波动的时候担心股价进一步下跌，没有等到止损位被触发就提前止损，但这只是表面原因。如果从深

第 5 章 构建交易赢家心理

201

层次找原因，很显然，"提前止损"这个行为的背后，是老张出现了"情绪劫持"。

情绪劫持是心理学名词，由心理学家大卫·戈尔曼在 1995 年提出，也叫作"杏仁核劫持"。杏仁核是大脑中的情绪中心，它可以记住过去经验的结果，并做出判断与分析，让我们在面对事情的时候，不是用理智，而是用情绪直接做出反应，这些情绪可以称为"生存直觉"。杏仁核最直接的情绪是生气、害怕、难过，所以做出的反应分别有战斗、呆滞、逃跑等。

在老张的操作中，价格走势稍微向不利的方向波动了一下，内心出现的恐惧（担心继续下跌）劫持了老张的情绪，导致老张不能理智地思考，完全抛弃（或忘记）了自己的交易计划，并做出了逃跑（卖出）反应。

类似的例子还非常多，我相信你也一定遇到过。比如你看好的一只个股，并没有出现你的入场信号，股价向上拉升了一下，你担心错过机会，被"贪婪"的情绪劫持，从而出现了违背原则（并没有出现买点）的追高买入。再比如，你看好的一只个股，明明出现了完全符合你体系的入场信号，但是你担心买入后"万一跌了怎么办"的想法，被"恐惧"的情绪劫持，从而导致错过机会，不能有效地执行交易体系。

然而，这些情绪都不是真实存在的。

老张在面对波动时产生的"恐惧"感，并不是市场真实发生的事实，因为价格走势并没有脱离老张的计划，仅仅是计划内的波动，并没有触发止损条件，如果换一个心理素质更强的、能做到知行合一的交易者，坚持按计划不触发止损点就不卖出，这笔交易将非常成功。这次，老张因为自己的"感觉"导致交易失败。

交易者的最大心理障碍在于，我们经常将一些不存在的内在问题，比如自己想法、感受（恐惧和贪婪），当成实际问题去对待和处理。"万一跌了""早该买入""早知道就卖出了"等这些想法，它们都是不存在的东西，是你自己根据环境或者经验教训（有过成功或失败的经历）臆想出来的，并不是真实发生的事实，而你自己在行为层面却兴师动众，宁肯违背自己的计划，去迎合这些并不存在的感觉。

这类似于"另外一个我"，总是在交易里和"我"对话，不断地干扰"我"的决策。"另外一个我"一会儿冒出一个想法，担心这笔交易亏了；一会儿又认为这笔交易能大赚，随着行情的波动，"另外一个我"不断地冒出各种方法，促使你脱离当下发生的事实，影响你的交易。

上面的案例，老张心中的"另外一个我"发出"万一继续跌"的声音，不断向"我"喊话，从而导致被恐惧的情绪劫持，违背计划提前退出交易，错过了大笔利润。事后看，如果你是老张，内心会是什么感觉？一定会感觉自己实在是太蠢了，明明一笔完全符合体系的交易，却做得这么差，陷入深深的自责。几次下来，心态完全被搞坏了。

交易情绪源自人性，老张之所以在稍微一波动时就做出违背计划的行为，很可能是他过去有过类似失败的经历，他的心理自动联想到了失败的经历，担心这次重演，从而调动了自我保护功能，这是一种本能。比如在生活中，我们被蛇咬过一次，下次见到蛇就会调动保护机制，内心出现"恐惧"的感觉，所以有句话叫"一朝被蛇咬，十年怕井绳"，别说看到蛇，看到井绳你都害怕。这种恐惧事实上是一种自我保护的生存直觉，会让我们产生逃跑的快速反应。然而，人性中的这种自我保护机制，却成了无法执行交易计划的最大障碍。老张的卖出，就是自我保护机制的反应，老张为了缓解自己的恐惧心理，迎合自己的感觉，做出了逃跑的交易决策，而不是理性的、有利于交易的决策。

所以，交易中的很多问题，其背后都是心理问题，而非交易策略本身。心理问题解决不掉，再多的好方法也无法让你成功。

那么，既然情绪劫持是对交易有害的，怎么才能消除或者缓解交易中的情绪劫持呢？

假如老张下次再遇到一个类似的场景，又出现一次买入机会，老张会想，上次因为害怕继续跌，导致过早卖出，这次一定不能恐惧，不能再犯类似错误。这看似是一个解决问题的方法，但有可能陷入另外一个误区。老张把注意力聚焦在自己"不能恐惧"的感觉上，就会陷入和"另外一个我"的抗争，导致非常紧张，总是想着"我不能再犯错"，反而不能聚焦在交易本身。

这是一个悖论，越是想努力消除情绪劫持，越容易被情绪劫持，陷入两个"我"的对抗。这也是很多人解决不了情绪问题的根源。

正确的做法，是要学会和"另外一个我"共存，无视它。当"另外一个我"在交易里面跳出来刷存在感，根据记忆给我们提供"建议"时，我们越是努力说服对方，越会出现抗争；越是强制要解决情绪问题，情绪问题越是突出，就忘记了交易计划本身，本来我们想克制情绪有利于交易，却适得其反。所以，和"另外一个我"对抗是没有用的，而是要学会放下，学会忽略，学会共存。

我们要成为自己想法和感觉的观察者，而不是被感觉和想法绑架，更不是和其抗争，也就是要做到"无我"。

想做到这一点是非常难的，因为"另外一个我"产生的感觉和想法不受我们控制，它什么时候出来，什么时候走，并不与我们商量。解决这个问题，需要我们专注于当下，专注于当前的交易。

也就是说，当"另外一个我"出来讲话的时候，我们不要和它争辩，因为越是争辩，就陷入了情绪对抗，而是让它讲，等它讲完，你就像一个冷静的旁观者一样问它，"你讲完了吗？讲完了可以走了。"然后，把自己回到当下，回到事件（交易）本身。

举个例子，运动员打球的时候，一个球没有投进去，"另外一个我"会出来，"你看记分牌，我们落后了"，这会让你陷入自责和紧张，导致总是盯着记分牌，不能专注于打球本身，就很难打好球，正确的做法就是忽略自己的感觉，回到打球本身，努力打好下一个球；歌唱家演出的时候，如果总是观察观众的反应，不能沉浸在歌唱本身，就很难唱好歌。这些都是和做交易相通的。

想要取得成功，要持续地专注于交易本身，并采取行动，而不是将注意力集中在自己的想法和感觉上，并努力去纠正这些想法和感觉，与之抗争，这只能让你分心，从而失去对交易本身的把握。而这种忽略自己的感觉，聚焦在事件（交易）本身的能力，就是"无我"。

所谓"无我"，就是做自己想法和感觉的观察者。当你不再努力寻找对抗自己的想法，而只是作为旁观者观察自己的想法时，就可以变得更加客观。比如前面老张的例子，在买入后股价向下波动了一下，老张内心恐惧在没有触发止损点的时候着急止损，导致交易失败。你作为旁观者，其实看得很清晰，只需要执行自己的计划，这笔交易就会非常成功。当类似的事情发生在你身上的时候，从旁观者的角度去分析和观察一下，有助于自己冷静下来，从而避免被情绪劫持。

曾经有心理学家讲过，心理困扰主要是由不想要的想法和情绪抗争引起的。交易里面，这种心理抗争非常普遍，几乎每天都有，如果不能正确处理，交易就是和自己的战争，每天都是血雨腥风。所以说，能不能消除内心的抗争，是你在交易事业中能不能成功的关键，至于交易策略层面的方法问题，都只是表象而已。

"无我"心理，是消除一切内心挣扎的根源，是一把打开交易大门的钥匙。

5.6　事上练

很多人经常说，交易理论我都明白，甚至也知道该怎么做，但一到执行层面，就完全变了样。

其实，这个困扰如何解决，早在 500 多年前，哲学家王阳明就给出了答案。由其门人弟子据其语录和信件整理编撰的《传习录》中有这样一段对话。

问："静时亦觉意思好，才遇事便不同，如何？"

先生曰："是徒如静养，而不用克己工夫也。如此，临事便要倾倒。人须在事上磨，方立得住，方能'静亦定，动亦定'。"

翻译成现在的语言如下。

陆澄问："安静时我觉得自己的想法很好，一旦碰到事情，就不知道该怎么做了，这是什么缘故？"

王阳明先生说："这是因为你只知在静中涵养，却没有下克己功夫。如此，碰到事情，脚跟势必站不稳。人应该在事情上磨炼自己，才能立足沉稳，才能达到'静亦定，动亦定'的境界。"

这就是"事上练"的来历。

世间所有的道理都是相通的，如果仅仅停留在想法的层面，而不是去实践中磨炼，很难让自己进步，也很难得到正确的解决方法。只有经历过一些事情，你才能真正理解。一个人被捅了一刀，旁观者都只是知道会很疼，但是这种疼到底是什么样的，能达到什么程度，唯有经历过的人才知道，其他人对于疼的这种认知，只不过是自己的想象。要想理解这种疼，必须自己挨一刀，这才是建立认知的核心。

交易如此，生活亦如此。

因此，想做好交易，必须要"事上练"。我理解的"事上练"，分为两个层面，下面分别说明。

在交易中磨炼自己

任何一个人，刚刚进入市场，对市场的认知都是浅显而片面的，或者说都是有限的（尽管你自己认为知道得很多了，此时你的状态停留在"不知道自己不知道"的阶段）。有可能你是因为别人的赚钱效应（牛市来了）被吸引入场，也有可能因为你拥有经济学背景，"学成"之后想去市场大显身手。不管因为什么进入市场，在入市之前，你都已经建立了自己对市场的看法，或浅或深，即是带着先入为主的思维入市的。

不出意外，市场刚开始会教训你，你所有原本认为正确的观点和想法，在市场中都会受到冲击，除非你已经建立辩证思维和概率思维，但是在入市前就能用辩证思维和概率思维去看待市场的，可能性很小。你只有在碰破了头之后，才能慢慢理解概率的意义，理解市场中没有标准答案。所有的观点、想法和策略，放到市场中，在某些时候是对的，会得到市场验证；在另外的时候可能就是错的，会被市场证伪。这是市场"不确定性"的特殊性，所有问题，并没有一个标准答案。基于此，所有的策略，都能找到正面案例，也都可以找到反面案例，一味地去寻找"唯一"的答案，是徒劳的。终究有一天，当你的认知到了一定的层次，会辩证地看待这些问题，才会明白市场并不是非黑即白的，从而真正地理解"概率"二字的意义。

市场的"不确定性"特征说明了，仅仅停留在想法阶段而不去实践，是根本不可能找到答案的。因为你的想法，一旦用到市场里面，基于这种"不确定性"导致有时候对有时候错，会让你非常迷茫。如西方的一些非常成功的交易大师，都说向上突破是一轮行情的开始（比如欧奈尔），但是，向上突破一定会成功吗？

很显然不是，在突破时买入有时候对，有时候错。你会发现，在突破时买入，有时赚了钱，有时候又会亏得体无完肤。你仅仅因为向上突破有时会失败，就得出该策略不对吗？毕竟人家用这个策略赚了非常多的钱。那么，什么时候可以用，什么时候不用呢？并没有标准答案。止损也是如此。大家都知道止损是控制大亏的最好方法，有时止损确实控制了损失，避免了大亏，也有很多时候，你刚一止损，市场就反向运动了，导致你止损卖在了最低点。那么，止损到底是对是错？在下一次遇到这种情况时，到底还应不应该止损？

很多人就是在这种问题上让自己内心充满矛盾、挣扎和抵抗，走不出来。

总想在市场中找唯一的标准答案，是一条不归路。这些问题想要厘清，想要弄明白，必须在实践中解决。你需要在市场中不断地去尝试，和市场不断沟通、相互反馈。当你做对了，市场会给你积极的反馈；当你做错了，市场会给你消极的反馈。经过长久的磨炼，你和市场之间就达成了一种"默契"，这种"默契"是建立在概率思维和辩证思维上的，这是你在实践中得到的认知提升，用你自己的方式和市场匹配，是你和市场之间沟通的桥梁。

这个桥梁是唯一的，只适合你，别人无法使用，因为这是你个人在实践中反复磨炼得到的，这个过程属于你，且仅仅属于你，所以也只有你才能够理解其意义，其他任何人都无法夺走。

实践这个过程，也就是"事上练"的这个过程，是认知提升的过程，不可替代，也不可省略。

因此，这也说明一个问题，为何仅仅靠抄作业做不好交易。《海龟交易法则》里面曾经讲过，即便是将交易方法毫无保留地刊登在报纸上，大部分人依然无法用它赚钱，就是这个原因。仅仅靠复制别人的体系，没有经过"事上练"，就没有自己的理解，是做不好交易的，因为只有经过实践的反复锤炼，你才能真正领悟。道听途说，没有自己的认知作为保障，一切都是建立在沙滩上的城堡，没有根基，自然容易倾倒。

所以，想要做好交易，不要空想，而要下场去做，"事上练"是必经之路，交易体系也是在"事上练"的基础上打磨成功的，而不是仅仅停留在想法层面。不要怕亏，不要未战先败，"亏"也是"事上练"的一部分，也是市场给你的反馈。终于有一天，这一切经历和过程，无论盈亏，都会成为你前进路上的垫脚石。

在生活中磨炼自己

除了交易中的"事上练"，生活中的"事上练"也依然重要，它会让你养成一个好的习惯和第二天性。

大家都知道股神巴菲特非常成功，但大家谈及他时，往往都是他赚了多少钱，很少人会谈及他的生活习惯，比如，很多人不知道他常年坚持的两个生活习惯：阅读和长跑。

曾经，有人私底下询问巴菲特，为什么他的眼光如此精准，能将许多企业的本质看透，看穿其价值底蕴？巴菲特对此的回应十分简单，他随手拿起一堆资料，回答："我每天都阅读 500 页以上的资料，让我的知识慢慢积累，就像复利一般增长。"

另外，巴菲特一直坚持跑步，从未放弃过。对于长跑，巴菲特讲过，他在其中发现了投资的心得："长跑的过程并不会一直带给人愉悦感，因为肉体的苦楚和精神上的乏味会让人容易放弃，可是，当坚持下来再回头展望时，就会让自己无比欣慰。投资也是这样，无论好坏，在长期的坚持中获得收益。"

巴菲特在给女儿的七条人生建议中，第一条是"终身阅读"，第二条是"终身运动"。

所以，很多人看到了巴菲特成功的光环，但是并没有看到巴菲特的这些习惯。而它们，会在你意识不到的情况下，将其融入投资和交易中。其实，我身边有不少投资和交易都做得不错的朋友，差不多也都有一些共同的特点，如热爱运动和阅读。

我相信这不是偶然，其实这就是生活中的"事上练"，人生无处不交易。

运动可以让你身体保持良好的状态，长期坚持运动还可以磨炼意志力和培养坚韧的性格，而阅读，可以汲取知识，提升认知。在投资这条路上，阅读可以看作对信息的吸收，除了可以拓宽知识面，还可以使自己有一颗包容心，懂得多了，在思维层面自然也更容易找到方向，这对于做好交易，至关重要。

另外，运动使人更加健康阳光，阅读使人更加有知识和思想，这都可以提升一个人的自信心。

这两件事情，做一天两天看不到效果，做一年两年效果可能也微乎其微，但如果你能坚持五年、十年，你的人生将会有巨大的改变。当一个人具备强健的体魄、坚韧不屈的性格、丰富的认知水平以及强大的自信心时，做什么事情，都会比普通人更容易成功。

长期坚持运动和阅读，会使自己变得更加自律，这些自律都会折射在交易中，你会发现，交易不仅是认知的变现，也是习惯的变现。

所以，我建议大家选一个自己身体适应的运动，每天抽出来一小时锻炼，半小时到一小时的时间读书。如果锻炼和读书这两个习惯能长年坚持下来，你的人生绝对会有改变。

很多人说我太忙，没有这么多时间，但如果梳理一下就会发现，大部分人不是没有时间，而是不知不觉将其浪费了，或是消耗在了低价值的地方。

举个例子，早晨醒来后不想起床，躺在床上刷手机，半小时根本没有感觉就过去了，如果用这个时间跑步或读书呢？跑步大约能跑 5 千米，按一周 4 次计算，就是 20 千米，一年就可以跑 1000 多千米。如果用来读书，每次大约能看 20~30 页，两周大概就可以读完一本书，一年下来大概就可以读 20 本书。如果每天再花 5 分钟时间读一篇研究报告，一年下来，你能读 300 多篇报告，就能成为某个行业的专家了。另外，在地铁上、班车上的时间，也都可以利用起来，去读书或听书。

当一年可以跑 1000 千米、读 20 本书时，你会在身体上和思想上感受到双重蜕变，长年坚持下来，会感受到坚持的力量。

坚持的力量是巨大的，可以大到你无法想象。所谓的做大事者，也都是从不起眼的小事开始做起，不断积累，最终在不知不觉中完成了大事。从量变到质变的过程，也是"事上练"的意义所在，这也不局限于投资方面，各个行业都离不开这个定律。

积累的好处是显而易见的，但做到者寥寥。什么原因呢，就是大多数人无法做到自律。做一件事情很容易，但长期坚持做同样的一件事情很难。比如看书，很多人一开始还饶有兴趣，结果只看了几十页就丢到一边了；也有人信心满满地去健身房锻炼，办了年卡后坚持不了一个月，就再也不去了。可以说，仅自律这一条，就将你与其他 99% 的人区分开了。投资和交易尤其需要自律，不仅仅在学习中，更需要在交易体系中坚持做到。投资中，有一半人的亏损原因是没有一个交易体系，没有自己的操作原则；另一半亏损的人，是因为有了体系无法坚持。自律，可以说是盈利与否的直接因素。

有了积累和自律，接下来收获的就是复利。书读得多了，你的思想自然与众不同，各类事情做得多了，经验和知识自然而然地就会为你在各种环境下成长提供力量。你的自律，又会给你提供持续坚持的力量。叠加起来，你会慢慢收获人生的复利，这不仅仅体现在投资结果（金钱和物质）上，还会贯穿到我们人生的方方面面。

所以，要坚持把手头的小事情做好，做有意义的事情，如每天运动和读书。当你把小事情都做好了，你会发现距离成功越来越近。

有一些投资新手，不知道从哪里开始。我个人建议，先从看一篇研报、读一页书、研究一个公司开始，从早起跑 1 千米、投入 10 分钟开始。这 10 分钟放在一天内不起眼，但如果能坚持一年，甚至 10 年，你养成了自律的习惯，这些习惯，就会在生活或投资账户中变现。

这就是"事上练"的意义，最终将你与其他人区分开来。

长期来看，到最后，你能不能赚钱，能赚多少钱，都是你认知水平、性格、意志力的体现，至于一天抓住哪只个股，或抓住哪个板块，都是皮毛而已，深层次的东西，在你的坚持和自律中。

所以，无论做交易，还是放眼整个人生，要向内寻找答案，所有的答案都存在我们心中。而所有一切物质的东西，你有或者没有，你能不能得到，都只不过是我们向自己内心寻找答案的外在表现而已。

> 坐中静，破焦虑之贼；
>
> 舍中得，破欲望之贼；
>
> 事上练，破犹豫之贼，
>
> 三贼皆破，万事可成。
>
> ——王阳明

5.7　从心所欲不逾矩

本书的最后一节，来讲一下，作为一个交易者，最终要达到的境界。

如果要用一个词或者一段话来形容交易的最高境界，我唯一能想到的是孔子讲的"从心所欲不逾矩"，但是这种境界又很难用准确的语言去表述，根据我浅显的理解，它应该是在交易中身心合一、与市场完全合拍的一种精神和心理状态，也是一种深层次的觉悟。

我认为在交易中要想接近"从心所欲不逾矩"的这种状态，要将内部和外部调和一致。

我们在前面讲过，所谓"内部"，指是我们自己，包括内心的想法、认知水平、情绪等，所谓"外部"，是指我们内部之外的所有东西，包括信息、市场走势等。

市场是外部环境，外部环境是不断变化的，我们自己作为一个独立的个体，在面对不断变化的外部环境，会有自己的判断和观点，这些观点也是随着变化而不断变化的。我们认识市场的过程，就是内部和外部建立联系的过程（认识世界亦是如此，当你要学习的时候，内部和外部就在建立联系）。由于内部和外部都是不断变化的，所以，总是会产生一些"不一致"。

给大家举个例子，是在我小时候发生的。

我很小就学会了骑自行车，后来有一天，我看别人骑三轮车，以为三轮车比自行车多了一个轮子，更加稳定了，也应该更容易。我当时潜意识中认为，骑三轮车比骑自行车更加简单，可以上手就来，根本不必额外去学习什么技能。因为三轮车比自行车多一个轮子，停在那里自己都不会倒，并没有什么危险。

结果，危险真的来了。当我带着信心去骑三轮车的时候，却把三轮车骑到沟里，导致摔伤。从此，我对三轮车产生了心理阴影。

小时候不理解，长大了才慢慢明白，问题就是内外部没有调和一致。我们来分析一下，看看内外部是怎么产生矛盾的。

自行车只有两个轮子，自己无法站立，要想不摔倒，我们需要靠着身体和双手去掌握平衡，这就是我自己内部建立的习惯和环境，我的身体已经习惯了通过自己的某种行为去掌控它，以获得平衡。当我带着这种"规则"去骑三轮车的时候，我把骑自行车的习惯和经验，带入到骑三轮车中，原有的"认知"在面对新事物的时候就会形成障碍。因为外部环境已经变化了——自行车换成了三轮车，三轮车有三个轮子，并不要你用身体或者把手去掌握平衡，它自带平衡——而我还是用原来的骑自行车的技能去骑三轮车，总是想通过身体和双手控制平衡，结果和三轮车的自带平衡产生冲突，导致它总是不听使唤，掉入沟里。

我骑自行车的信念和习惯越是强烈，越是不愿意放弃，就越是难骑好三轮车。

这就是内部和外部不一致导致了障碍，对我们客观认识新事物产生影响。当内部和外部不一致的时候，我们就会有痛苦的情绪，想消除这种情绪，要么是外部环境变化，变得和内部一致，要么就是我们内部变化，变得和外部一致。

事实上，外部环境并不随我们的意志而转移，我们能改变的，只是内部。比如，三轮车是外部环境，三轮车就是三轮车，不可能一下子变成自行车，你唯有改变自己的骑行方法，适应外部环境，才能驾驭它。

最终，我们要想把自行车和三轮车都骑好，那就是在骑自行车时，用自行车的控制平衡方法；在骑三轮车时，用三轮车的控制平衡方法，即我们通过修正和改变自己的内部去适应外部的环境。

这是一个简单的案例，而在交易中几乎每天都发生，最悲哀的是，很多人根本认识不到它的危害性。

当我们自己的观点和市场走势不一致的时候，就会导致内部和外部的冲突，比如，我们一直看多，但市场走势却非常差，内心就会充满大量的抵抗和矛盾。这个时候，要想消除这种抵抗和矛盾，要么外部发生了变化，和内部一致了，比如市场开始转好，走势开始向你期望的方向发展等，这个时候你内心的抵抗会消失。如果市场不改变，要想减少内心抵抗，我们就要改变自己，去顺从市场。

事实是，市场不会总是像我们期望的那样发展，所以，能不能改变自己去顺应市场，就成了衡量一个交易者能否成功的关键。如果我们能做到不断地修正自己，以达到和市场合拍的目的，并把这种自我修正变成第二天性，当有一天我们发现和市场有矛盾时,就会下意识地去修正自己的观点和策略,这样就会进入一种心理顺境,也就是《亚当理论》里面描述的那种状态。

"如果我逆流而上,河流就好像残酷的敌人,不停地冲击我,阻挠我。然而河流并不对抗任何人,它以亘古不变的方式流淌。如果我能融入河流的旋律,顺从它,以它的方式行事,那么生命或者交易,就会成为轻松、安详、美丽的漂流。"

"为了在市场上成功,我们必须投降。向市场投降,在某种意义上意味着放弃。这表示我们要放弃对市场怀有的一切意见、判断和结论。这件事情之所以这么难以做到,是因为我们经年累月花费无数心血研究市场,才积累下来这些自以为与众不同的意见。"

《亚当理论》里面讲的核心思维是,交易者要想成功,就要一无所知地接触市场。

你可能会想,在市场中,怎么可能放弃自己的观点和判断呢?怎么可能轻易向市场投降呢?"一无所知"怎么可能成功呢?

这里讲的"投降""一无所知""放弃自己的判断",并非字面意思要表达的意义,其核心是我们不能对抗市场,不能先入为主地带着自己的观点去看待市场,要和市场保持一致。

在交易中,我们为何会感觉很难?为何会感觉市场时时刻刻和我们作对?是市场给了你这个感觉吗?显然不是。市场走势一直在那里,它本身不产生任何感觉和观点,是你自己的观点和市场冲突,从而导致内心的挣扎,或者换句话说,你带着情感看问题,带着立场看问题,就不知不觉偏离了事实。

最终你会明白,交易中最大的敌人不是市场,而是自己。交易中的很多痛苦,都源自内心的这些抵抗,而这些抵抗产生的根本原因,就是内部和外部的不一致。

想要消除这种"不一致",消除内心的"抵抗",不是每天去期望市场(外部)改变,期望市场顺从我们的意志,而是需要改变自己看待市场的方式,让自己去顺应市场(改变内部)。你要明白,个人是无法改变市场的,只能改变自己。

当我们看待市场的方式和行为习惯改变了之后,再看待同一件事情,就会有完全不同的结果。

举个例子，很多人都不喜欢市场调整。当市场调整的时候，内心就会很难受，因为你的钱会在调整中缩水。然而，哪有只涨不跌的市场呢？市场一直是波动运行的，有涨有跌才正常。那么，你为何不喜欢调整呢？原因很简单，就是因为调整的时候你在场，且仓位过重，更严重的是，你在高位追涨的个股在这次调整中大跌，这让你感觉很痛苦。但对于一个空仓的或持币等待的人来讲，市场的调整不仅不会让其感到痛苦，反而会让其认为机会来了。

你看，对于一只心仪的个股，你重仓持有它的时候，和你持有现金等待买它的时候，心态是不一样的。你重仓持有，只要一下跌，你会非常难受，如果跌得多导致你亏损较大，你可能会情绪化地卖出，这个时候你是恐慌的；而如果你空仓等待买入的时候，你巴不得跌下来，越大跌你越是两眼放光，这个时候你反而有点兴奋。

是市场自身产生了让你痛苦或者让你兴奋的感觉吗？不是！是你自己的行为（重仓持股或持币待购），让自己陷入了痛苦或兴奋，市场一直在那里，它只是按照自己的节奏走，你自己产生什么感觉，完全取决于你的行为，以及你看待市场的方式。

类似的心理痛苦或抵抗多了以后，你会感觉交易里面充满了磨难，内心的矛盾、纠结和抵抗，无处不在。在该止损的时候，总是下不了决心，担心止损后会涨起来；该止盈的时候，又总是犹豫不决，担心卖飞。买了难受，怕跌，不买也难受，怕错过；卖了难受，怕卖飞，不卖也难受，怕跌下来。很多人就是在这种问题上蹉跎一辈子，永远进不了稳定盈利的大门。

这些问题，都是源于自己看待市场的方式和行为习惯有问题。

所以说，要想成为一名优秀的交易者，最重要的并不是分析市场，而是分析自己，建立正确的思维模式、心理构架和行为习惯。因为即便是你对市场分析得再好，如果总是产生一些情感上的干扰，带着立场和情绪操作，内心也会产生抵抗，很容易偏离事实。

这就回到了一个最原始的问题，我们为何要建立交易体系。

举个例子，一天下午，突然间军工板块暴涨，开始放量向上突破，这个时候，你看到了会怎么样？有人可能会想，应该追买，否则，有可能错过一波行情的起点，也有人会想，一定不能追，万一是假突破就被套了。其实，这都是庸人自扰，是没有体系的表现。体系的作用，就是让你识别符合条件的模式，让你尽可能地标准化操作择股、择时。军工板块涨了，如果触发你的买入条件，自然就入场；如果没有触发，那就不是你的机会，避开即可。

我们之所以建立交易体系，其实就是为了避免自己想太多，避免市场给我们干扰。交易体系规定了遇到什么情况该怎么做，这样就能避免自己情绪化的胡思乱想。

如果有了交易体系，并能严格按照交易体系操作，一切就会变得简单起来。比如，如果你当前持股，在市场发生调整时，就不会认为要到世界末日了，因为你的体系里面有规定，如果跌破了某个价位，就触发止损退出交易。既然你有止损保护，你为何要"害怕"？这个时候，你根本不必多想，触发了止损，就退出交易，如果这时你还有该不该止损的想法，就说明你内心有抵抗。反之亦然，如果你持币待购，在遇到市场调整时，到了你的买点，就顺其自然地入场，这时你不必犹豫是不是该入场，因为入场信号出现后，你要做的就是执行信号，一旦有犹豫的想法，就说明内心不够纯粹，依然有抵抗。

一个优秀的交易者，该做什么就做什么，内心毫无杂念，有杂念都是不够纯粹和有抵抗的表现。

买点来了就买入，卖点（包括止损止盈）来了就卖出，看见信号立即行动，不带任何情感，没有信号不要创造信号，更不要强行找理由说服自己违背体系操作。只有你纯粹得像一个孩子，才能贴近市场的脉搏，完全和市场合拍。立足点一定不要放在一笔交易是赚是亏上面，而是立足在心态和对体系的执行上。你只要心态平稳，没有偏差地执行你的体系，你就无限地接近成功，赚钱都是你认知水平和行动力的副产品。

如此，我们就接近了"从心所欲不逾矩"的境界了，即能和市场完全合拍，内心毫无抵抗地执行规则，没有任何杂念。甚至在这种状态下，已经不需要任何"规则"，因为"规则"已经融入你的内心，你的所思所想及所做，都不会偏离你的内心。你不需要刻意地去执行什么，但是行为又完全在可控的范围内。

注意，这里说的是"接近"，而不是"达到"。因为我们是人，只要是人，就有情感，只要有情感，就很难完全做到心无旁骛。所以，"从心所欲不逾矩"只是一个理想化的状态，我们毕其一生，只能接近，不可到达。

　　这是一个交易者的终极境界，自己随心所欲地交易，内心纯粹，没有丝毫抵抗的感觉，但是又不违背规则，一切都发自内心，达到"人剑合一"的状态。人就是剑（规则），剑（规则）就是人。

　　心安即是归途！

小结

交易赢家心理构建	描　述
成功交易者的人格特质	坚韧、果断、专注、独立思考、耐心、自信、自省、诚实、包容、勤奋好学、谦虚低调、自律
交易者的三个层次	（1）情绪化交易：每天跟着市场情绪走，看见上涨就追涨，看见下跌就恐慌割肉，内心完全被贪婪和恐惧控制。这个阶段当然很难持续稳定赚钱，偶尔运气好赚了一笔，如遇到了牛市，随便买也能赚钱，然后没多久，会凭自己的实力亏回去。 （2）机械化交易：吸取了情绪化交易阶段的惨痛教训，认为不能总是拍脑袋交易，于是制定一整套规则，包括选股、买卖点选择、风险管理、仓位管理等，然后遵照执行。进入第二个层次的人群中，会有少数人成功，就是能做到坚持自己规则、知行合一的人。有了规则只代表"知道"，而"做到"才是核心。无法做到的认知，本质上都是"伪认知"，那部分有规则但不执行的人，其实还处在第一个层次——情绪化交易中。 （3）直觉化交易：所有的规则都已融入你的内心，你的心就是体系，买卖都顺其自然，不需要刻意地照搬规则，因为你的心就是规则。到了买点就买入，错了就止损，不需要过多的思考，所谓"从心所欲不逾矩"，也就是武侠小说里面讲的"人剑合一"的境界
顺应外部变量，控制内部变量	（1）外部变量：包括市场走势、信息、宏观环境、基本面、资金面等，是交易者自身之外的东西。 （2）内部变量：来自交易者自身，是由我们自己的内心的情感变化组成，包括贪婪、恐惧、期望、侥幸等心理。 外部变量无法改变，只能跟随、顺应和对其做出反应，而内部变量可以进行控制，使其危害降到最低。两个变量，一个虽然无法改变，但另一个则可以被我们控制，就可以提高交易成功的概率。最终，交易成功的核心就变成了：顺应外部变量，控制内部变量

交易赢家心理构建	描　述
立不败之地， 胜可胜之敌	（1）学会聚焦和放弃，专注于自己擅长的和符合自己认知的机会，主动放弃一些没有把握的可做可不做的机会。 （2）积极主动地掌握主导权，让每一笔交易行为都是自己主动做出的（包括仓位控制、买卖、风险管理）等，绝不随波逐流，总是疲于应付无法成功。 （3）以上两条实现的关键是四个字：自我控制
"无我"心理	（1）无我，就是做自己的想法和感觉的观察者。当你不再努力寻找对抗自己的想法，而只是作为旁观者观察自己的想法的时候，你就可以变得更加客观。 （2）心理困扰主要是由于与不想要的想法和情绪抗争引起的。交易里面，这种心理抗争非常普遍，几乎每天都有，如果不能正确地处理，交易就是和自己的战争，每天都是血雨腥风。所以说，怎么消除内心的抗争，是你在交易事业中能不能成功的关键，至于交易策略层面的方法问题，都只是表象而已。"无我"心理，是消除一切内心挣扎的根源，这是一把打开交易大门的钥匙
事上练	（1）在交易中磨炼自己：想要做好交易，不要空想，而是下场去做，"事上练"是必经之路，交易体系也是在"事上练"的基础上打磨成功的，而不是仅仅停留在想法层面。不要怕亏，不要未战先败，"亏"也是"事上练"的一部分，也是市场给你的反馈。终于有一天，这一切经历和过程，无论盈亏，都会成为你前进路上的垫脚石。 （2）在生活中磨炼自己：持续学习，坚持运动，保持自律。长期来看，到最后，你能不能赚钱，你能赚多少钱，都是你认知水平、性格、意志力的体现，至于一天抓住哪个股，抓住哪个板块，都是皮毛而已，深层次的东西，在你的坚持和自律中
从心所欲不逾矩	（1）"从心所欲不逾矩"是在交易中身心合一、与市场完全合拍的一种精神和心理状态，也是一种深层次的觉悟。 （2）"市场"是外部环境，外部环境是不断变化的，我们自己作为一个独立的个体，在面对不断变化的外部环境时，总会有自己的判断和观点，我们的观点也是不断随着变化而变化的。我们认识市场的过程，就是内部和外部建立联系的过程，在交易中要想接近这种状态，要将内部和外部调和一致。 （3）买点来了就买入，卖点（包括止损止盈）来了就卖出，不带任何情感，看见信号立即行动，没有信号不要自己创造信号，更不要强行找理由说服自己违背体系操作，错了止损，对了持有，触发卖点卖出。只有你变得纯粹得像一个孩子，才能贴近市场的脉搏，才能完全和市场合拍。立足点一定不要放在一笔交易是赚是亏上面，而是立足在心态和对体系的执行上。你只要心态平稳，能没有偏差地执行你的体系，你就无限接近赚钱，无限接近成功，赚钱都是你认知水平和行动力的副产品。

交易赢家心理构建	描　述
	（4）"从心所欲不逾矩"是一个交易者的终极境界，自己随心所欲的交易，内心纯粹，没有丝毫抵抗的感觉，但是又不违背规则，一切都发自内心，达到"人剑合一"的状态。人就是剑（规则），剑（规则）就是人

后记：寻找一本书

曾经，我一直想寻找一本这样的书——看了之后，就能掌握交易的必杀技，实现稳定盈利。这就像武侠小说中的武林人士寻找《九阴真经》和《葵花宝典》一样，学成之后，就可以独步江湖。

然而，20多年过去了，我阅读了600多本关于投资的书籍，纵览价值、技术等各类门派，我才明白，世界上并不存在这样一本可以点石成金的书。

不要误会，我并不是说读书没用，恰恰相反，读书是提高我们认知水平的最好方式。从书中，我们学习一些投资（交易）大师的成功经验和方法，比如利弗莫尔、欧奈尔、彼得·林奇、巴菲特，既然他们能取得前所未有的成功，自然说明方法是有效的。我们可以通过书籍，和他们交流，吸取经验和教训，这些都会构成我们的认知。

但是，需要明白的一点是，对于他们有效的方法，对于你来说，却不一定有效。

因为能不能打出10环，不在于枪，而在于枪手。

枪就是方法，枪手是人。

一个优秀的枪手，用一把二流的枪，也能打出好成绩，而一个二流的枪手，用最好的枪，也不一定能射准目标。

读完本书，你应该能明白，为何很多人在寻找方法的路上越走越远。虽然刻苦努力、孜孜不倦，却依然很难实现稳定盈利，核心原因就是思维模式和知行合一的问题。所以，方法上的东西，只是表象，而成为一流的枪手，需要的不是方法，而是内心的修炼，也就是心法。

　　心法的修炼，一定是和方法同步进行的、相互促进的，这是硬币的一体两面，不可分割。方法需要心法支撑，心法需要方法承载。在强大的心法下，一个简单的交易方法，就可以让你实现稳定的复利回报，而如果你在内心冲突和挣扎的情况下，被贪婪和恐惧左右，再好的方法，你也很难驾驭。

　　所以，从某种程度上来说，心法远比方法更重要。

　　交易的本质，是寻找内心的平衡，焦虑来自我们总是企图控制自己不能控制的事。你总是想控制市场，当市场走势和预期相悖时，你会感觉到内心的挣扎。找到内心平衡的方法是，区分我们能控制和不能控制的，把能控制的部分做到最好，不能控制的部分就去跟随和顺应，如此就会内心平和地对待一切。很显然，在交易里，我们能控制的只有自己的行为，而市场是无法控制的，只能跟随。所以，交易成功的核心就可以浓缩为八个字：控制自己，顺应市场。当你理解这八个字并且能做到后，你的内心就会达到一种平衡，这种平衡是一个优秀交易者应有的心理状态。

　　哲学家王阳明曾说，"心外无物，心外无理"。世间所有的事情，包括交易，脱离了内心，去寻找所谓的答案，是找不到的。我们在这条充满荆棘的交易之路上前行，能走多远，归根结底，都是我们内心世界的外在表现。不要纠结于一时、一事，不要停留在表面的盈亏上无法自拔，我们最终寻找的是内心的宁静。K线的涨涨跌跌，就是我们人生的起起伏伏，当我们不被盈亏绑架，而是能坦然地放下的时候，距离成功就不远了。

　　交易，即人生！

致谢

和大多数人的经历一样，我也是在大牛市期间被各种暴富故事吸引进入股市的。

在 2006 年，在波澜壮阔的牛市中期，我怀揣着无限憧憬进入了股市，经历了大赚到大亏，经历了"以为自己无所不能"到"打回原形"的痛苦过程。

这一年，我儿子降生。

儿子的降生，让我有了一种责任感，正是这种责任感，支撑我一直走下去，从未放弃。

在这份笃定和坚持下，2011 年，我终于形成了一套适合自己的方法，开始稳定盈利。在稳定了几年后，2017 年，我辞去体制内工作，开始走上职业投资之路。

2018 年，我女儿降生，全职投资的我，因为整天待在家里办公，所以给了女儿长时间的陪伴。

后来，女儿上了幼儿园，有人问女儿，你爸爸做什么工作？女儿总会萌萌的说："我爸爸是'坐家'，因为我爸爸每天坐在家里，什么也不干"。

这一度让我很苦恼。因为在她幼小天真的心灵里面，别人的爸爸都是有自己的工作和事业，会在外面闯荡，而她的爸爸好像每天只无所事事地待在家里。

这个时候，我就有一种想拾起来自己儿时梦想的冲动。早在 1993 年我上初二的时候，我就立志要写一本书，成为一名真正的作家。这在当时看，是一个非常遥远且不可能实现的一个目标。为了让女儿口中的"坐家"变成"作家"，我决定拾起梦想。

终于，这一切，将随着这一本书的出版，成为现实。

我可以骄傲地给我的孩子说，虽然这是一本不起眼的小书，但爸爸距离自己的梦想近了一步。我想给孩子们说："有梦想就要去捍卫，只要付诸行动，就不怕晚，只要去做，就会无限接近成功。也感谢你们带给爸爸的欢乐，让我内心的希望之火，从未熄灭，你们是我不断走下去的理由。"

同时，更要感谢我的爱人。当我从体制内稳定且前景光明的职位辞职的时候，她没有一句怨言；当我在交易中遇到困难的时候，她给予的全部是支持。她是最特别的一位，因为她从不唠叨，从不抱怨，知性且聪慧，包容且大度，为我创造了一个安静平和的空间。如果没有这样的环境，不可能有我交易上的成功，也不可能有这本书的出现。

感谢我的父母，不仅仅把我养大，哪怕是我已经进入中年，他们已年迈，但依然在生活上给了我很大的帮助。也感谢我的妹妹，分担了很多家庭的责任。

感谢一些老朋友和新朋友，虽然名字这里没办法一一提到。你们分别在我的两段人生中扮演了不同的角色。老朋友大多都还在体制内奋斗，感谢你们在我成长路上提供的帮助，时不时回忆起一些点点滴滴，总让我难忘；新朋友大多是在交易中认识的，感谢你们在交易中提供的一些思路，尤其是你们励志的人生，对我就是一种激励；在早期，我迷茫的时候，是你们不同寻常的经历和思维让我看到了星星之火。

最后要感谢的，是一位特别的人，那就是电子工业出版社的刘伟编辑，正是你不断地鼓励才有了这本书的问世，你不厌其烦地数次修订，你的敬业精神，是我学习的榜样。

你们每一个人，我都会记在心里。

简放

2023 年 8 月